Syster Lycklig

ein bisschen was von allem

BUSSECOLLECTION

Syster Lycklig

ein bisschen
was von allem

INSPIRATION REZEPTE BASTELN FEIERN

Johanna Beijer & Tina Groth

Fotos Niklas Veenhuis

BUSSECOLLECTION

Inhalt

Willkommen 7

Originalausgabe:
Syster Lycklig
© Johanna Beijer, Tina Groth und Niklas Veenhuis
erschienen bei Votum & Gullers Förlag, Karlstad, Schweden
ISBN 978-91-87283-16-1

Deutsche Ausgabe:
© Busse Verlag GmbH, Bielefeld, 2016
Übersetzung: Frauke Watson, Ballaugh, Isle of Man
Druckvorstufe: AW-Grafik, Detmold
Druck und Verarbeitung: DZS Grafik, Ljubljana, Slowenien
ISBN 978-3-512-04068-9
All rights reserved.

www.bussecollection.de

Willkommen

Syster Lycklig – ein bisschen was von allem:
eine Auswahl der schönen Dinge im Leben.

SIE FINDEN in diesem Buch eine bunte Mischung von Koch- und Backrezepten, Deko-Tipps für Wohnung und Garten und Anregungen zum Selbermachen, die wir auf das ganze Jahr verteilt haben. Unsere Tipps sollen Ihnen zeigen, dass man auch mit sehr einfachen Mitteln zu allen Zeiten Schönes herbeizaubern kann. Außerdem geben wir ein paar Hintergrundinformationen zu den wichtigsten Festen des Jahres.
Wir hoffen, dass hier jeder etwas für seinen Geschmack findet und dass unser Buch Sie von der ersten bis zur letzten Seite zu eigenen Ideen inspiriert.

Das ganze Jahr über gibt es große und kleine festliche Anlässe, von Ostern bis Weihnachten im Kreise der Familie, vom spontanen Kaffeekränzchen mit Freunden oder Kollegen bis zum Picknick am See. Da wird gekocht, gebacken und aufgetischt – aber wir finden, dass man es sich dabei trotzdem nicht allzu schwer machen muss. Komplizierte Rezepte sind nicht unsere Sache – hier finden Sie eine große Auswahl ebenso appetitlicher wie schnell gemachter Leckereien.

In unserem Buch geht es vor allem um die Lust an den schönen Dingen des Lebens. Wir hoffen, dass es Ihnen über lange Zeit ein treuer Begleiter sein wird und dass Ihnen vor allem die wunderbaren Fotos von Niklas viel Freude machen werden – denn ein Bild sagt nun einmal mehr als tausend Worte!

Für uns hat sich mit diesem Buch ein Traum verwirklicht.

Viel Spaß beim Lesen!
Johanna und Tina

Guten Morgen liebe Sonne!

Die Tage werden länger und wir genießen es, ein Weilchen im Sonnenschein vor dem Haus zu sitzen.

ENDLICH können wir die Ankunft des Frühlings ausgiebig feiern. Balkon und Garten werden mit Blumen bepflanzt, die Gartenmöbel hervorgeholt und mit farbenfrohen Kissen und Decken ausgepolstert.

Im Garten zwitschern nun wieder die Vögel und die Bienen summen in der frischen Blütenpracht. Einfach herrlich!

In diesem Kapitel laden wir ein zu einem wunderbaren Osterbrunch. Am Muttertag servieren wir ein leckeres Frühstück ans Bett und draußen im Garten werden Hochzeit und Schulabschluss gefeiert.

Die kulinarischen Favoriten des Frühlings sind Spargel, Erbsen und frische Kräuter.

Frohe Ostern!

AM OSTERMORGEN suchen kleine und große Kinder im Garten nach Nestern mit bunten Eiern, die der Osterhase über Nacht versteckt hat. Auch der Osterstrauß aus frischen grünen Zweigen ist mit bunten Eiern und Federn geschmückt.

Das Osterfest ist das höchste Fest des christlichen Kirchenjahrs, ein Freudenfest, denn nun ist der gekreuzigte Christus, „das Licht der Welt", wieder auferstanden. Doch schon lange zuvor feierte man zu dieser Zeit die alljährliche Wiederkunft des Lichts – unser Osterfest ist nur die Weiterführung einer Jahrtausende alter Tradition!

DIE OSTERWOCHE

Früher durfte am Tag vor Gründonnerstag nicht gesponnen und gemahlen werden, um dem Heiland nicht noch größere Pein zu bereiten. Man umwickelte sogar die Kirchenglocken mit Tuch, um ihren Klang zu dämpfen.

Gründonnerstag ist der erste Tag der Karwoche. Es ist der Tag der Verhaftung und Geißelung Jesu. Nach der letzten Abendmahlsmesse schweigen nun die Kirchenglocken bis zur Osternacht.

Karfreitag ist ein allgemeiner Trauertag, denn an diesem Tag wurde Jesus ans Kreuz geschlagen. Früher waren am Karfreitag alle Geschäfte geschlossen und es wurde den Kindern sogar das Spielen verboten. Man blieb zu Hause, ging in sich und betete.

Ostersonntag ist der Tag der Auferstehung Christi und das Ende der langen Fastenzeit. Das Haus wird zu diesem Freudentag festlich geschmückt und die Ostertafel biegt sich vor lauter Leckereien. Man schenkt sich bunte Eier und in vielen Gegenden wird zu Gedenken Christus, des „Lamm Gottes", ein Osterlamm gebraten.

Am Vorabend, *Karsamstag*, versammelt man sich zum Beginn der Osternacht um das Osterfeuer als Symbol der Sonne und der Wiederkehr des Lichtes.

Am *Ostermontag* ist die Welt wieder zur gewohnten Ordnung übergegangen. Man verzehrt die Reste des Festessens und erholt sich ein wenig vom anstrengenden Vortag.

Ostern leitet sich übrigens von „Ostara" (Osten), „Eostrae" oder „Eostre" ab, dem angelsächsischen Namen der teutonischen Göttin der Morgenröte.

Der *Osterhase* gehört zum Osterfest wie der Weihnachtsmann zum Weihnachtsfest. Doch ähnlich wie sein weißbärtiger Kollege ist das Eier legende Langohr eine relativ späte Erscheinung. In Deutschland kennt man ihn schon seit Ende des 17. Jahrhunderts. Je nach Gegend brachte die Eier früher auch der Hahn, der Storch, der Kuckuck oder sogar der Fuchs!

Das *Ei* ist nicht nur das christliche Symbol der Auferstehung, sondern ist überall auf der Welt ein Symbol des Neuanfangs und des Lebens. Kein Wunder also, dass zur Osterzeit weltweit noch wesentlich mehr Eier gegessen werden als sonst.

Jedes Land hat seine eigenen Ostertraditionen, bei denen das Ei im Mittelpunkt steht. Beim Ostereier-Ticken beispielsweise werden zwei hartgekochte Eier aufeinandergestoßen. Es gewinnt derjenige, dessen Ei dabei möglichst lange heil bleibt.

Früher wurden zumeist echte Eier zum Verschenken und Schmücken verwendet. Inzwischen haben Eier und Osterhasen aus Schokolade und Zuckerzeug weltweit den Siegeszug angetreten.

Statt des Christbaums wird zu Ostern ein Strauß aus frischen Zweigen, gern Birke mit zarten Blättchen dran, festlich geschmückt. Der Schmuck variiert dabei je nach Land oder Gegend. So wird der Strauß neben bemalten Eiern und Osterküken hier und da auch mit kunterbunten Federn geschmückt.

Am Ostersonntag versammelt man sich mit Familie und
Freunden um die festlich gedeckte Tafel.

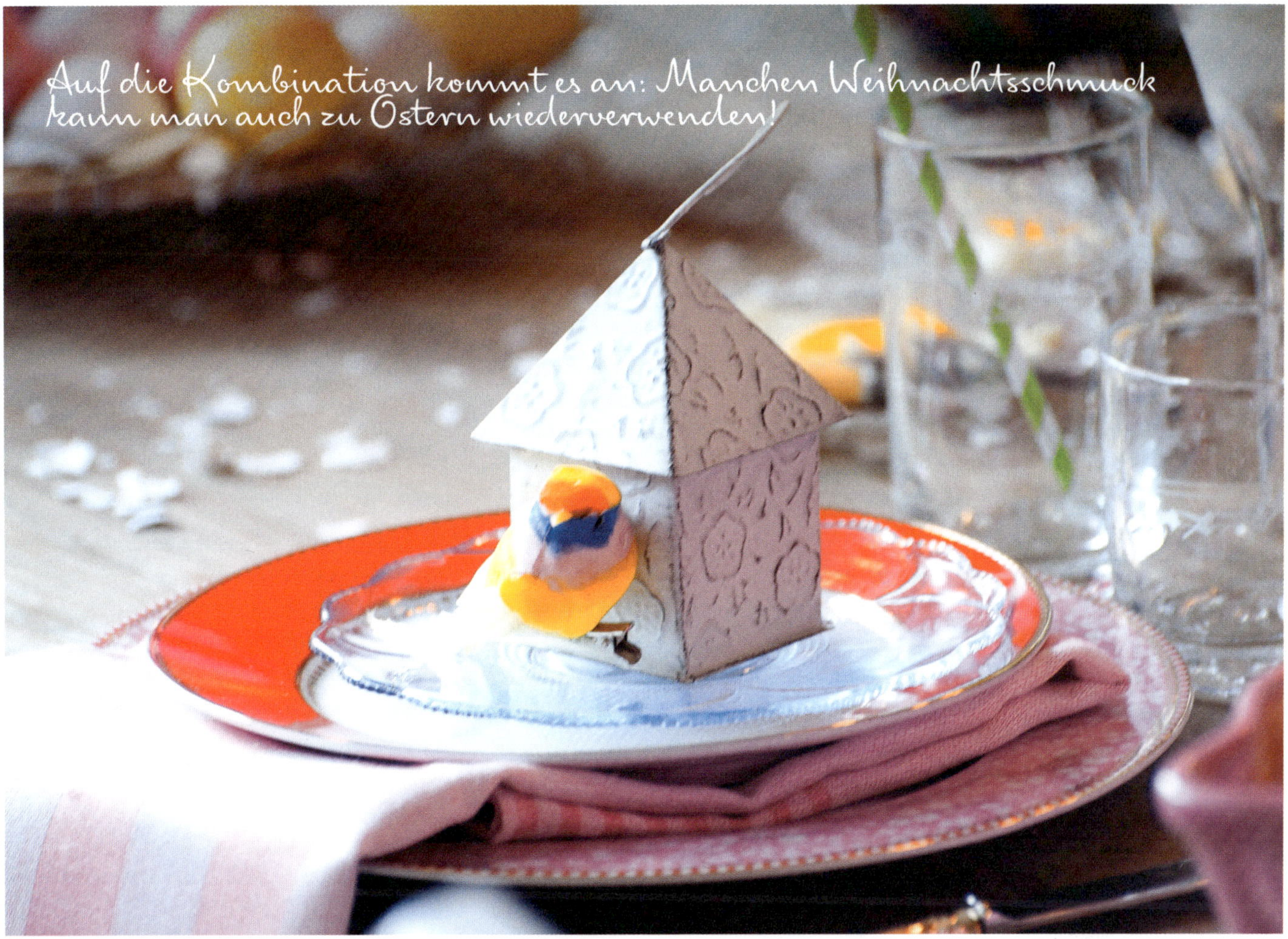
Auf die Kombination kommt es an: Manchen Weihnachtsschmuck kann man auch zu Ostern wiederverwenden!

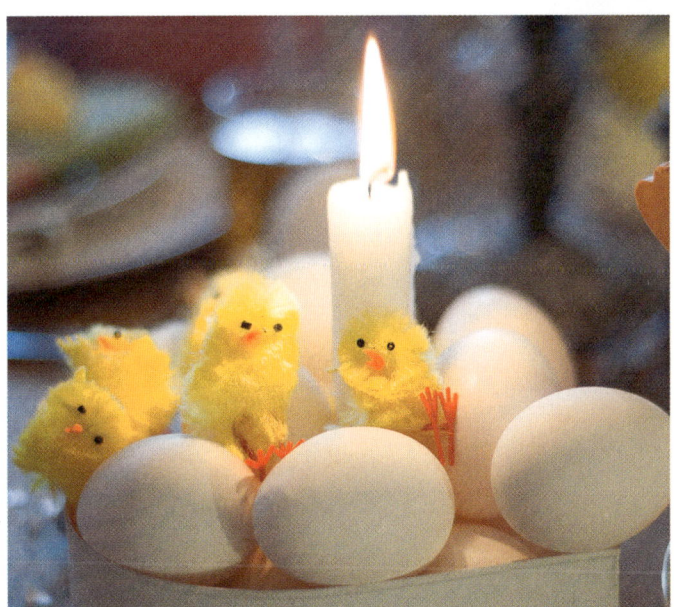

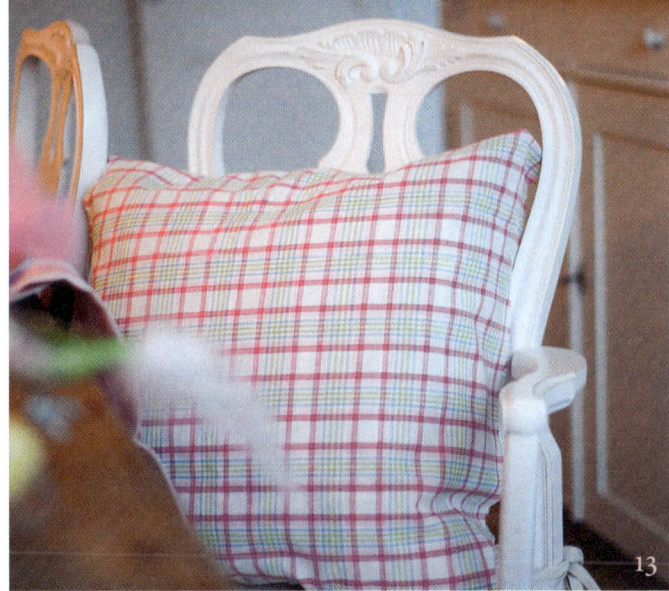

EIER MIT KAVIAR

8 Portionen

4 Eier
4 EL Kaviar
Mayonnaise
8 Shrimps
Dill

Die Eier hartkochen (ca. 6–8 Minuten), in kaltem Wasser abschrecken, schälen und abkühlen lassen. Die Eier quer halbieren und auf einem Teller anrichten. Je einen Klecks Mayonnaise und Kaviar darauf geben. Mit geschälten Shrimps und frischem Dill garnieren.

Aquavitgläser sind zum Anrichten ebenfalls hübsch geeignet!

Tulpen gehören zum
Frühling einfach dazu.

Ein herzhaft-frischer Frühlingsbissen:
Frau Lottis Matjestorte gehört auf jeden Tisch.

KLASSISCHE MATJESTORTE

6–8 Portionen

Boden
200 g dunkles Roggenbrot
75 g Butter

Füllung
3 Blätter Gelatine
200 g Matjes, eingelegt
1 rote Zwiebel
250 g Quark
300 ml saure Sahne
1 EL Matjesflüssigkeit
Schwarzer Pfeffer

Garnierung
Fein gehackter Schnittlauch

Das Brot in kleine Würfel schneiden.

Die Butter zerlassen und über das Brot gießen. Alles zusammen im Mixer zu einer groben Masse verarbeiten.

Eine Springform damit auslegen, leicht andrücken und in den Kühlschrank stellen.

Die Gelatine 5 Minuten in kaltes Wasser legen. Währenddessen den Matjes in Würfel schneiden und die Zwiebel hacken. Matjes und Zwiebel mit den restlichen Zutaten in eine Schüssel geben.

Die Gelatine gut ausdrücken und auf schwacher Hitze in einem Topf zerlassen, dann zu der Matjesmischung geben und gut unterrühren.

Die Füllung auf dem Tortenboden verteilen und für etwa 3 Stunden in den Kühlschrank stellen.

Mit frisch gehacktem Schnittlauch bestreut servieren.

LOTTIES AVOCADO-LACHS-TORTE
6–8 Portionen

Boden
200 g dunkles Roggenbrot
75 g Butter

Füllung
150 g kalt geräucherter Lachs
200 g geschälte Shrimps
2 Avocados
2 hartgekochte Eier, gehackt
1 rote Zwiebel
100 ml Crème Fraiche
3 EL Mayonnaise
1 EL Zitronensaft
Meersalz und Zitronenpfeffer

Garnierung
100 g Kaviar
Zitronenscheiben
Frisch gehackter Dill

Das Brot in kleine Würfel schneiden.

Die Butter zerlassen und über das Brot gießen. Alles zusammen im Mixer zu einer groben Masse verarbeiten.

Eine Springform damit auslegen und in den Kühlschrank stellen.

Lachs, Shrimps, Avocado, Eier und Zwiebel mit Crème Fraiche und Mayonnaise in eine Schüssel geben und gut mixen. Mit Zitronenpfeffer und Salz abschmecken.

Die Füllung auf dem Tortenboden verteilen und für etwa 4 Stunden in den Kühlschrank stellen.

Unmittelbar vor dem Servieren mit Kaviar, Zitronenscheiben und frisch gehacktem Dill bestreuen.

Unvergleichlich lecker: Avocado-Lachs-Pie.
DIE AVOCADO BLEIBT SCHÖN GRÜN, WENN MAN SIE MIT ETWAS ZITRONENSAFT BETRÄUFELT.

Cotton 8/4 Baumwollgarn
Häkelnadel Nr. 2,5
FM = Feste Masche
KM = Kettmasche
LM = Luftmasche
M = Masche

1. Rondell (Körper):

1 Runde: 8 LM arbeiten und mit 1 KM zum Ring verbinden. Je 1 FM in jede LM arbeiten.

Das Fadenende in der Mitte straff ziehen, damit das Loch in der Mitte so eng wie möglich bleibt. Die letzte FM durch eine KM mit der ersten FM verbinden.

Jede Runde mit einer LM beginnen.

2. Runde: 2 FM in jede LM arbeiten = 16 M. 1 KM in die erste FM.

3. Runde: 1 FM, dann 2 FM in die Folge-M, so fortfahren = 24 M. 1 KM in die erste FM.

Den Faden abschneiden und vernähen.

2. Rondell (Kopf):

1. und 2. Runde wie oben arbeiten. Nach der letzten KM 20 LM für den Aufhänger arbeiten und mit 1 KM in die nächste LM befestigen.

Faden abschneiden und vernähen.

Kopf und Körper zusammennähen (siehe Foto).

Schnabel:

1 KM in eine Rand-M des Kopf-Rondells, 4 LM, 1 KM in die nächste Rand-M arbeiten, Faden vernähen.

Beine:

1 KM in eine Rand-M des Körper-Rondells, 8 LM, 1 KM in die 4. LM, 1 KM in die 4. LM, 4 LM und 1 K=M in dieselbe M wie die vorherige KM. Faden vernähen.

Das zweite Bein in 1–2 M Abstand ebenso arbeiten.

etwa 20 Stück

125 g Zucker
2 Eiweiß
Abgeriebene Schale von ½ Zitrone

Den Ofen auf 225 ºC vorheizen.

Eiweiß sehr steif schlagen und währenddessen nach und nach den Zucker einstreuen. Zuletzt die Zitronenzeste zugeben.

Mit dem Löffel Baiserhäubchen in der gewünschten Größe auf ein mit Backpapier ausgelegtes Blech setzen.

Das Blech in den Ofen schieben und diesen sofort abschalten. Wenn er ganz abgekühlt ist, sind die Baisers fertig.

Man kann die Baisers prima am Abend vor dem Zubettgehen in den Ofen schieben!

Majas Baisers

Die eigenwillige Backtechnik kam dadurch zustande, dass bei Oma Maja plötzlich der Strom ausfiel, als sie gerade ihre Baisers in den Ofen geschoben hatte. Da sie die Situation nun einmal nicht ändern konnte, überließ Oma Maja das Backblech im Ofen einfach sich selbst. Doch als sie sich den Schaden am nächsten Morgen ansehen wollte, fand sie prachtvolle, perfekt gelungene Baisers vor! Das geschah in den frühen 1960er-Jahren und seither macht unsere Familie das nun immer so: Den Ofen auf 225 °C erhitzen, Baisers hineinstellen, Ofen ausschalten und alles über Nacht stehen lassen. Perfekt!

*Lecker und dekorativ:
Bis sie gegessen werden,
sind die hartgekochten,
bunt bemalten Eier
Teil der Tischdekoration.*

Buntes Zuckerwerk zum Nachtisch!

Ein blauer Osterhahn!

Für das Hasen-Spiegelei wurde das Ei in eine Ausstechform geschlagen.

23

Raus damit

Jetzt wird es Zeit, die Garten- und Balkonmöbel aus ihrem Winterlager zu holen.

Rein damit

Die Lieblingsblumenkübel werden mit Stiefmütterchen und Zwiebelpflanzen gefüllt, die auch einmal eine frostige Nacht aushalten.

Säen

Jetzt sollte der Garten für den Sommer geplant werden. Die Anzucht der neuen Saat sollte bis April im Haus oder Gewächshaus vorgenommen werden. Je nach Temperaturbeständigkeit kann man manche Samen auch direkt in den vorbereiteten Boden pflanzen.

Pflanzen

Büsche, Bäume und Rosen sollten so früh wie möglich gepflanzt werden, damit sie genug Zeit haben, sich vor Sommerbeginn im Garten zu etablieren.

Manche Pflanzen, zum Beispiel Dahlien, haben im Keller überwintert und werden erst einmal zum „Aufwachen" in Veranda oder Gewächshaus gestellt, bis es Zeit ist, sie in den Garten zu pflanzen.

Jäten

Jetzt wird erst einmal ordentlich im Garten aufgeräumt. Büsche und Stauden werden zurückgeschnitten, damit das neue Grün genug Platz zum Nachwachsen hat.

Je früher man mit dem Jäten beginnt, desto leichter wird es später fallen, den Garten mit ein paar regelmäßigen Handgriffen in Ordnung zu halten.

Schneiden Sie verblühte Tulpen und Narzissen nicht sofort zurück, sondern lassen Sie das Grün verwelken. So kann die Zwiebel im nächsten Jahr wieder kraftvoll ausschlagen.

Erlauben Sie den Schneeglöckchen, ihre Samen zu entwickeln, damit sie sich im Garten weiter verbreiten können.

Kartoffeln pflanzen

Man muss keinen Garten haben, um Kartoffeln zu pflanzen – sie gedeihen auch in Pflanzkübeln auf dem Balkon. Der Mai ist generell eine gute Zeit, um Kartoffeln ins Freie zu pflanzen.

Wenn Sie Kartoffeln auf dem Balkon ziehen wollen, brauchen Sie Gefäße mit Drainagelöchern im Boden, notfalls kann man welche bohren. Etwa 10 cm Kies als Drainage einfüllen, darauf kommen etwa 15 cm Komposterde. Darauf die Saatkartoffeln legen und gut mit Erde bedecken und angießen. Wenn das erste Grün etwa 10 cm hoch ist, wieder mit Erde bedecken und angießen. Vorgang wiederholen bis nur noch ein kleiner Rand das Abfließen des Wassers verhindert. Etwa 1 x in der Woche gießen.

Rosen beschneiden

Rosen soll man beschneiden, wenn die Birkenkätzchen blühen! Dann haben sie sich soweit entwickelt, dass man die frischen Blattknospen erkennen kann. Schneiden Sie die Zweige leicht schräg ab, damit das Regenwasser ablaufen kann. Das kann die Entwicklung von Pilzkrankheiten an Knospen und Zweigen verhindern. Kletter- und Buschrosen werden nur leicht beschnitten, Beetrosen hingegen soll man recht stark zurückschneiden, da diese ihre Blüten an den neuen Trieben entwickeln.

Durch das Beschneiden kommt genug Sonne an die Pflanze heran und vor allem hat das neue Grün ausreichend Platz, um sich zu entfalten. Ältere Triebe müssen gekürzt werden, damit sich neue, kräftige Seitentriebe bilden können.

Es gibt nichts Schöneres als eine frische Ernte das ganze Jahr über. Wenn Sie keinen Garten haben, finden Sie vielleicht genug Platz für ein Minigewächshaus auf dem Balkon!

Knackfrisches Saisongemüse ist einfach unschlagbar. Wir haben hier drei Rezepte mit den Favoriten des Frühlings für Sie zusammengestellt: Spargel-Ziegenkäse-Pie, grüne Erbsensuppe und Kartoffelsalat.

Frisch und Grün!

Besonders, wenn viele Gäste kommen, ist Kartoffelsalat eine perfekte Beilage zu Fleisch und Fisch.

Rhabarber gibt es auch schon – vielleicht als Nachspeise, ein Glas Saft oder leckeres Chutney?

GRÜNE ERBSENSUPPE MIT EINEM HAUCH VON MEERRETTICH

4 Portionen

1 Zwiebel, gehackt
2 Knoblauchzehen, zerdrückt
1 EL Butter
Hühnerbrühe, Instantpulver für
500 ml Wasser
250 ml trockener Weißwein
800 g tiefgekühlte Erbsen
150 ml Sahne
2 EL Meerrettich, gerieben
Salz und schwarzer Pfeffer

Zwiebel und Knoblauch in der Butter glasig dünsten.

Wasser, Wein und Instant-Hühnerbrühe dazu geben und 5 Minuten schwach kochen lassen. Die Erbsen zugeben und nochmals 5 Minuten kochen. Die Suppe mit einem Stabmixer pürieren und mit Salz und Pfeffer abschmecken. Die Sahne zugeben, nochmals aufkochen lassen und sofort servieren.

KARTOFFELSALAT

4–6 Portionen

1 kg frische Mini-Butterkartoffeln
1 rote Zwiebel
1 Bund Radieschen
4 EL Kapern
Blattspinat
Meersalz
Schwarzer Pfeffer
Olivenöl
Balsamicoessig

Die geschrubbten, ungeschälten Kartoffeln 20 Minuten kochen. Abgießen und abkühlen lassen.

Die Zwiebel in Ringe schneiden und die Radieschen halbieren.

Alle Zutaten in eine Schüssel geben und mit Salz und Pfeffer würzen. Mit Essig und Öl beträufeln und gut wenden.

ULLAS SPARGEL-ZIEGENKÄSE-PIE

4 Portionen

1 Paket Blätterteig
1 Ei, verquirlt

12 Frühlingszwiebeln
2 Bund grüner Spargel
200 g Ziegenkäse
150 ml Sahne
2 Eier

Den Ofen auf 220 ºC vorheizen.

Die Zwiebeln schälen und halbieren und in einem Topf mit Wasser zum Kochen bringen, dann 3 Minuten ziehen lassen.

Mit eiskaltem Wasser abschrecken, abgießen und beiseite stellen.

Den Spargel ca. 3 Minuten in leicht gesalzenem Wasser blanchieren.

Den Ziegenkäse in Würfel schneiden (die harten Kanten zuvor abschneiden) und zusammen mit Sahne und Ei cremig, aber nicht notwendigerweise glatt rühren.

Den Blätterteig auf Backpapier ausrollen und auf ein Backblech legen.

Rundherum ca. 1 cm Teig nach oben biegen, sodass sich eine Art Pieform ergibt. Die Ränder mit dem Ei einpinseln.

Die Käsemischung in der Blätterteigform verteilen. Spargel und Zwiebeln darüber verteilen und auf der mittleren Ofenschiene ca. 10–15 Minuten goldbraun backen.

Pelargonien sind so schön wie treu. Sie nehmen es nicht einmal übel, wenn man in Urlaub fährt und niemanden zum Blumengießen findet.

Der erste Spargel – guten Appetit!

Draußen genießen

EIN PLATZ an der frischen Luft ist doch etwas Schönes, egal, ob auf dem Balkon, im Garten oder gar im Schrebergarten!

Dort kann man mit einem Glas Wein oder einer Tasse Tee die kostbaren Sonnenstunden genießen, wenn der Frühling sich endlich nach Norden getraut hat.

Bei der Gartendekoration hat man wirklich die Qual der Wahl: Schicke Blumenkästen, eine Hollywoodschaukel, bunte Leuchten? Welche Stilrichtung soll es sein: Maritim, nostalgisch, ultramodern – oder einfach eine kunterbunte Stilmischung?

KÄSECREMEKUGELN MIT DATTELN
8 Portionen

150 g Ziegenkäse
2 EL Crème fraiche
Honig
3 EL gehackte, getrocknete Datteln

Den Ziegenkäse in Würfel schneiden (die harten Kanten zuvor abschneiden), mit der Crème fraiche cremig rühren und mit Honig abschmecken.

Die Creme zu Kugeln formen und in den gehackten Datteln rollen.

Vor dem Servieren 1 Stunde in den Kühlschrank stellen.

KAVIARCREME
8 Portionen

1 rote Zwiebel, fein gehackt
300 ml Crème fraiche
200 g Philadelphia-Frischkäse
150 g roter Kaviar

Zwiebel, Crème fraiche und Frischkäse zusammen cremig rühren.

Die Creme in eine kleine Schüssel geben und zu einem Hügel formen. Den Kaviar auf dem Hügel verteilen und vor dem Servieren 1 Stunde in den Kühlschrank stellen.

Gutes Flach- oder Knäckebrot dazu reichen.

MOZZARELLA-KIRSCHTOMATEN-HÄPPCHEN
8 Portionen

1 Packung Mini-Mozzarellakugeln
1 Packung Kirschtomaten
1 Bund frischer Basilikum

Je 1 Mozzarellakugel und 1 Kirschtomate mit einem Blatt Basilikum dazwischen auf einen Zahnstocher spießen.

Nach Geschmack vor dem Servieren mit ein wenig Balsamicoessig beträufeln.

Festlichkeiten

Es gibt so viele Anlässe zum Feiern!

Wenn es geht, legen wir sie in die warme Jahreszeit und nach Möglichkeit nach draußen ins Grüne. Ob Hochzeit, Taufe, Schulabschluss oder Muttertag, hier finden Sie für jeden Anlass ein paar interessante Anregungen zum Weiterspinnen. Wir wünschen viel Spaß und Freude dabei!

Die richtige Kleidung

Die Einladung liegt auf dem Küchentisch. Wenn sich die erste Freude ein wenig gelegt hat, stellt sich die bange Frage: Was ziehe ich an? Hier sind ein paar Anhaltspunkte:

Formell/Großer Gesellschaftsanzug/White Tie

Hier kann man alle Register ziehen und das Feinste anziehen, was der Kleiderschrank oder das Portemonnaie hergibt.

Er: Frack, Uniform oder Trachtenanzug.

Sie: Langes Abendkleid, nach Wunsch mit Handschuhen, oder festliches Trachtenkleid.

Hier soll man nicht am falschen Ende sparen. Gute Qualität, die Haare schön zurechtgemacht und nach Möglichkeit echter Schmuck verstehen sich von selbst. Inzwischen sind bei Kleidern eigentlich alle Farben erlaubt.

Halbformell/Kleiner Gesellschaftsanzug/Black Tie

Immer noch sehr elegant und apart.

Er: Schwarzer oder dunkelblauer Smoking mit Galonstreifen.

Sie: Langes Kleid, das aber schulterfrei sein darf. Elegante Cocktailkleider sind auch erlaubt.

Informell/Dunkler Anzug

Lassen Sie sich nicht von der Bezeichnung täuschen: Es geht hier immer noch formell zu, jedoch festlich.

Er: Dunkler Anzug, schwarz, dunkelblau oder -grau. Schlips oder Fliege sind vorgeschrieben, jedoch nicht in Schwarz oder Weiß.

Sie: Festliche Kleidung aus hochwertigem Material wie Samt oder Seide. Keine langen Kleider. Hosenanzüge und festliche Trachtenkleider sind hier erlaubt.

Smart Casual/Leichter Anzug

Ein wenig weniger formell als Informell ...

Er: Blazer oder Anzugjacke in einer anderen Farbe als die Hose. Polo-Shirt oder Hemd, gerne weiß, mit Krawatte, Lederschuhe.

Sie: Kleid, Rock oder Trachtenkleid. Festlich, jedoch nicht über-elegant. Hier sind auch interessante Kontraste wie Pailletten und Baumwolle erlaubt.

Muttertag
soll man feiern!

DAS DATUM des Muttertags ist von Land zu Land verschieden, meist wird er am zweiten Sonntag im Mai gefeiert. Traditionell bekommt die Mutter das liebevoll angerichtete Frühstück ans Bett gebracht, manchmal ist auch ein kleines Geschenk dabei.

Mit Stoffresten kann man allerhand tolle Sachen anstellen: Zum Beispiel Geschenke einpacken oder passend zum frisch bezogenen Lehnstuhl einen alten Lampenschirm verschönern, schauen Sie mal rechts!

Der Muttertag stammt ursprünglich aus den USA, dort wurde er 1908 zum ersten Mal gefeiert. In Deutschland kennt man ihn seit 1923, hier wurde er von den Floristen eingeführt.

Taufe

DIE TAUFE ist das erste große Fest im Leben eines neuen Erdenbürgers. Hier wird das Kind oft zum ersten Mal der ganzen Familie vorgestellt. Fürwahr ein Grund zum Feiern!.

BELIEBTE GESCHENKE ZUR KINDSTAUFE

Schmuck
Spielsachen
Bücher
Spardose
Geschirr
Besteck mit Monogramm
Silber

Das prachtvolle, weiße Taufkleid wurde früher von Generation zu Generation weitergereicht. Diese modernen Taufkleider sind aus organischer Baumwolle — Qualität zum weiteren Vererben!

Heutzutage werden nicht mehr grundsätzlich alle Babys christlich getauft. Doch da eine Kindstaufe ein feierlicher Anlass ist, an dem das Kind gleichsam ins Leben willkommen geheißen wird, entscheiden sich heute viele Eltern für eine freie, also nicht religiöse Taufe oder eine Namensgebungsfeier.

Da die Kindersterblichkeit früher sehr viel höher war als heute, musste nach altem Kirchenrecht ein Kind getauft werden, bevor es 8 Tage alt war, damit ihm ein Platz im Paradies sicher war.

FARBEN

Ob Kindstaufe, Hochzeit oder Gartenfest, das gewählte Farbthema trägt viel zur Atmosphäre bei. Je nach Jahreszeit und Anlass gibt es bestimmte Farbtendenzen – hier ist eine kleine Entscheidungshilfe.

Schwarz

symbolisiert in der westlichen Welt Trauer und Tod, aber auch Eleganz und Prestige im formellen Rahmen.

Weiß

bedeutet Reinheit und Unschuld. Weiß sorgt für einen neutralen Hintergrund (z. B. als Tischdecke), auf dem Akzentfarben gut zur Geltung kommen.

Gelb

steht für Freude, Glück, Intellekt und Energie. Wirkt appetitlich und appetitanregend.

Grün

symbolisiert Harmonie, Frische und das Wachstum der Natur – perfekt für Gartenfeste!

Rosa

ist die Farbe der Romantik und der Zärtlichkeit. Rosa sorgt für eine entspannende Atmosphäre und ist insgesamt eine unterschätzte Farbe, wie wir finden.

Rot

symbolisiert Liebe, Leidenschaft und Freiheit. Rot erfüllt den Raum mit Energie und ist so einladend wie eine warme Umarmung.

Orange

ist eine warme, energetische Farbe, wirkt appetitanregend und weckt positive Gedanken.

Blau

wirkt beruhigend, entspannend und regt die Kreativität an, kann elegant, aber auch ein wenig kühl wirken.

Lila

ist die Farbe der Sehnsucht, suggeriert jedoch auch Sicherheit und Wärme. Eine gute Farbe für Schlaf und Meditation.

Grau

wird oft mit Traurigkeit in Verbindung gebracht und gilt als neutrale Farbe. Viele kreative Menschen fühlen sich von Grau angezogen.

Kindstaufe im Garten

Geschenkbox

Süße Leckereien

Hochzeit

DIE HOCHZEIT ist für viele das größte Fest in ihrem Leben. An diesem Tag werden alle Register gezogen. Man wünscht sich eine magische Stimmung, die den ganzen Tag anhält und an die man sich ein Leben lang erinnert.

Jede Hochzeit ist einzigartig und genau so soll es auch sein. Manche wollen ein rauschendes Fest, während andere es vorziehen, einander im engsten Familien- und Freundeskreis das Jawort zu geben. Auf den nächsten beiden Seiten geben wir Ihnen ein paar Anregungen für eine Trauung im Grünen.

Es ist eine beliebte Tradition, die Verbindung zwischen zwei Menschen mit einem großen Fest einzuleiten. Das Wort Hochzeit setzt sich aus „Hoch" und „Zeit" zusammen und bedeutet „Festzeit", während die eigentliche Zeremonie „Trauung" genannt wird, also das gegenseitige Vertrauen voraussetzt. Der Hochzeit geht meist eine Verlobung voraus – das Paar „gelobt" sich gegenseitige Treue. Heute wird diese Phase jedoch auch oft weggelassen. Geheiratet wird traditionell sowohl standesamtlich als auch kirchlich, aber inzwischen entscheiden sich auch viele Paare für eine rein bürgerliche Ehe.

Die Planung eines Hochzeitsfestes dauert zuweilen bis zu einem Jahr, denn es gibt hier so vieles zu bedenken: Brautkleid, Lokal und Menü, Blumenschmuck, Gästeliste, Unterbringung und natürlich die Trauringe – und noch so viel mehr...

Inzwischen hat sich auch bei uns die angelsächsische Sitte des Junggesellinnen-/Junggesellenabschieds eingebürgert. Dieser wird jeweils von den engsten Freunden der Braut bzw. des Bräutigams ausgerichtet. Dabei bleibt es oft nicht beim traditionellen Besuch von Bars aller Art – zuweilen werden

sogar Fallschirmsprünge, Kochkurse oder Helikopterrundflüge organisiert.

Wer kann, fährt direkt nach der Hochzeit in die Flitterwochen, um noch einmal die traute Zweisamkeit voll und ganz auszukosten.

Je nachdem, wie lange ein Brautpaar verheiratet ist, nennt man die Hochzeitstage bei bestimmten Namen:

EHEJAHRE
Bezeichnung

0	Grüne Hochzeit	13	Veilchenhochzeit
1	Papierne Hochzeit	14	Elfenbeinhochzeit
2	Baumwollne Hochzeit	15	Kristallhochzeit
3	Lederne Hochzeit	20	Porzellanhochzeit
4	Seidene Hochzeit	25	Silberne Hochzeit
5	Hölzerne Hochzeit	30	Perlenhochzeit
6	Zuckerhochzeit	40	Rubinhochzeit
7	Kupferne Hochzeit	45	Messinghochzeit
8	Blecherne Hochzeit	50	Goldene Hochzeit
9	Keramikhochzeit	55	Platinhochzeit
10	Rosenhochzeit	60	Diamantene Hochzeit
11	Stahlhochzeit	65	Eiserne Hochzeit
12	Nickelhochzeit	70	Gnadenhochzeit
12,5	Petersilienhochzeit	75	Kronjuwelenhochzeit

Bunte Pom-poms — als Tischschmuck
ebenso so schön wie als hängende
Dekoration!

Schön in einen Tapetenrest verpackt!

SO SCHLICHT WIE SCHÖN: EIN SELBST GEMACHTER BRAUTSTRAUSS AUS PFINGST-ROSEN, ROSEN UND SCHLEIERKRAUT.

DIE BRAUTJUNGFERN BEKOMMEN HANDGEFERTIGTEN HAARSCHMUCK PASSEND ZUM KLEID.

45

Frisch und sommerlich:
Eisschälchen in Knallrot!

Die Schule ist aus!

Nun geht es in die Sommerferien, in den Sommer-
job oder weiter in Uni und Beruf ... Das muss
gebührend gefeiert werden!

HERRLICH, WENN MAN BEI
GARTENFESTEN DIE TANZSCHUHE
ABSTREIFEN UND EINFACH BARFUSS
ÜBER DAS GRAS LAUFEN KANN!

47

HERRLICH FRISCHE SMOOTHIES
2 Portionen

2 Pfirsiche, in kleine Stücke schneiden
150 ml Erdbeeren
1 EL Puderzucker
Saft von 1 Limette
100 ml Vanillejoghurt
100 ml Milch

Zitronenmelisseblättchen als Dekoration

Alle Zutaten im Mixer pürieren und im Kühlschrank auf die gewünschte Temperatur kühlen. Vor dem Servieren mit Zitronenmelisse garnieren.

JOHANNAS MÖHRENKUCHEN

6–8 Portionen

3 Eier
350 ml Zucker
200 g Mehl
1 TL Natron
1 TL Zimt
1 TL Backpulver
½ TL Salz
Abgeriebene Schale und Saft von 1 Limette
250 ml Sonnenblumenöl
400 ml geraspelte Möhren

Frosting
200 g Butter
200 g Philadelphia-Frischkäse
300 ml Puderzucker
Abgeriebene Schale und Saft von 1 Zitrone
1 TL Vanillezucker

Für die Garnitur ein paar Himbeeren und Minzeblättchen

Den Ofen auf 175 ºC vorheizen.

Eier und Zucker schaumig schlagen. Die trockenen Zutaten mischen, dann nach und nach Limettensaft und -schale, Öl und Mohrrüben in die Eier-Zuckermischung geben, dann das Mehl zugeben und alles zu einem glatten Teig verarbeiten.

Eine Springform mit Butter einpinseln und mit Semmelmehl bestäuben. Den Teig hinein geben und auf der mittleren Ofenschiene ca. 40 Minuten backen.

Frosting
Dic Butter zerlassen und etwas abkühlen lassen, dann mit den restlichen Zutaten zu einer glatten Glasur verarbeiten.

Den abgekühlten Kuchen in drei Platten zerschneiden. Je zwei Platten mit der Glasur bestreichen. Die dritte Platte aufsetzen und mit der restlichen Glasur übergießen.

MUFFINS MIT FROSTING

ca. 12 Stück

200 g Mehl
120 g Zucker
4 TL Backpulver
2 TL Vanillezucker
2 MSP Salz
40 g Kakaopulver
1 Ei
300 ml Milch
100 ml Öl

Frosting
70 g zimmerwarme Butter
120 g Philadelphia-Frischkäse
1 TL Vanillezucker
1 EL Zitronensaft
350 g Puderzucker
100 ml Erdbeerkonfitüre
Ein paar Tropfen rote Speisefarbe

Den Ofen auf 175 °C vorheizen.

Mehl, Zucker, Backpulver, Vanillezucker, Salz und Kakao in eine Schüssel sieben.

Ei, Milch und Öl ca. 1 Minute mit dem Handmixer verrühren, dann in die Schüssel mit den trockenen Zutaten gießen und alles zu einem glatten Teig verarbeiten. Die eingefetteten Muffinformen gut zur Hälfte mit dem Teig füllen und 20–25 Minuten auf der mittleren Ofenschiene backen.

Nach Geschmack kann man auch frische Beeren oder gehackte Schokolade in den Teig geben.

Frosting
Butter, Frischkäse, Vanillezucker und Zitronensaft cremig rühren.

Puderzucker, Konfitüre und nach Geschmack ein paar Tropfen Speisefarbe zugeben und alles zu einer glatten Glasur verarbeiten.

Es muss nicht unbedingt rote Speisefarbe sein – experimentieren Sie auch einmal mit Gelb, Grün oder Blau! Die Muffins farblich passend mit Beeren, Streuseln, Blüten oder Marzipan verzieren.

Frische Blüten sind so schön wie essbar!

Muffins mit hübsch dekoriertem Frosting.

Tortenboden
3 Eier
Zucker
Mehl
1 TL Backpulver

Füllung
1000 ml Erdbeeren
250 g Himbeerquark
250 g Vanillequark
300 ml Sahne

1 Marzipandecke
Puderzucker

Den Ofen auf 175 °C vorheizen.

Sie brauchen 3 gleich große Gläser. In das erste schlagen sie das Ei. Füllen Sie das zweite bis zur Füllhöhe des Eis mit Zucker und das dritte entsprechend mit Mehl. Dann das Backpulver in das Mehl schütten und gut mischen.

Ei und Zucker schaumig schlagen, das Mehl zugeben und gut mischen.

Den Rand einer 20 cm-Springform einfetten und den Boden mit Backpapier auslegen.

Den Tortenboden auf der untersten Ofenschiene 25 Minuten goldgelb backen. Die Ofenklappe die ersten 20 Minuten unbedingt geschlossen halten, sonst fällt der Boden in der Mitte zusammen. Er ist fertig, wenn ein hineingesteckter Stab sauber herauskommt.

Den Boden abkühlen lassen und dann quer in 3 Platten zerschneiden.

Den untersten Teil des Bodens auf einer Tortenplatte anrichten. Die Erdbeeren sehr grob mit der Gabel zerdrücken und auf dem Boden verteilen.

Die zweite Platte darauf legen und mit dem Himbeerquark bestreichen, dann die letzte Platte auflegen und mit dem Vanillequark bestreichen.

Die Sahne steif schlagen und die gesamte Torte damit bestreichen. Dann die Marzipandecke auflegen und rundherum sorgfältig andrücken. Überstehendes Marzipan abschneiden.

Unmittelbar vor dem Servieren mit Puderzucker bestäuben und mit Blüten und Beeren dekorieren.

SCHOKOLADENTORTE

6–8 Portionen

100 g Butter
2 Eier
150 g Zucker
50 g Mehl
1 EL Vanillezucker
50 g Kakao
Abgeriebene Schale und Saft von 1 Zitrone
100 g Schokolade, gerieben
Semmelmehl zum Ausstreuen der Backform

Den Ofen auf 175 °C vorheizen.

Die Butter zerlassen und etwas abkühlen lassen.

Eier und Zucker schaumig schlagen.

Die trockenen Zutaten in eine Schüssel sieben.

Dann Zitronensaft und -schale in die Eimischung geben und mit den trockenen Zutaten zu einem glatten Teig verarbeiten. Den Teig in eine eingefettete und mit Semmelmehl bestäubte Form geben.

Die geriebene Schokolade auf den Teig geben und mit einer Gabel darin verrühren. Auf der mittleren Ofenschiene 21 Minuten goldgelb backen.

Die fertige Torte mit Blüten und Beeren bunt dekorieren.

Eine locker-flockige Biskuitrolle mit weißer Schokolade, Kokosflocken und feinem Limettenaroma.

BISKUITROLLE

mit weißer Schokolade, Kokosflocken und Erdbeeren

4–6 Portionen

4 Eier
150 ml Zucker
50 g Kartoffelstärke
2 TL Backpulver
abgeriebene Schale von 1 Limette

Füllung
500 ml Erdbeeren
100 g weiße Schokolade, gerieben
100 ml Kokosflocken

Garnierung
Puderzucker

Den Ofen auf 225 ºC vorheizen und ein 30 x 40 cm Backblech mit Backpapier auslegen.

Eier und Zucker schaumig schlagen. Backpulver und Kartoffelstärke zusammensieben und mit der Limettenschale in die Eimischung geben.

Den Teig auf dem Backblech verteilen und auf der mittleren Ofenschiene 5–7 Minuten goldgelb backen.

Die fertige Biskuitplatte auf einen mit Zucker bestreuten Bogen Backpapier stürzen und das Backpapier vorsichtig vom Boden abziehen. Auskühlen lassen.

Die Erdbeeren mit einer Gabel zerdrücken und auf dem Kuchen verteilen. Dann nacheinander Kokosflocken und geriebene weiße Schokolade darüber verteilen.

Die Biskuitplatte aufrollen, in Scheiben schneiden und servieren – sehr lecker zusammen mit einem Löffel Himbeer- oder Zitronenquark!

Sommer, Meer, grüne Wiesen

Nun ist es endlich Sommer! Wie haben wir uns danach gesehnt, barfuß am Strand entlang zu laufen und zu fühlen, wie der Wind um die nackten Beine streicht. In den Sommerferien wird Freiheit ganz groß geschrieben. Die Strandtasche wird gepackt mit Saft und Butterbroten, Badezeug, Decken und Büchern.

Wir fühlen uns wohl in Flipflops und Flatterkleidern. Wir campen, segeln und rudern in der herrlichen, sanften Sommerwärme und genießen die langen Nächte.

Wir stehen stundenlang mit einer Angelrute in der Hand auf einer Felsenklippe und warten geduldig, bis ein Fisch anbeißt. Oder wir lassen es uns in der Hängematte mit einer Schale Erdbeeren gut gehen. Das einfache Leben ist doch das Beste!

Hier finden Sie alles, was man bei uns in Schweden im Sommer so genießt: Ein Picknick im Grünen, Grillabende am Wasser und vieles andere mehr – denn der Sommer hat so viel zu bieten!

Mittsommerfest

WIR PFLÜCKEN BLUMEN und fällen eine
schlanke Birke für den Mittsommerbaum. Er wird
festlich mit Blumen und Bändern geschmückt und
dann ziehen wir unsere Nationaltracht an und tan-
zen fröhlich rund um den Baum herum. Hinterher
gibt es ein leckeres Smörgåsbord mit eingelegtem
Hering, Kartoffelsalat und frischen Erdbeeren.

Am Tag vor dem Mittsommerfest gehen wir hinaus in den Garten und auf die Wiese zum Blumen pflücken. Man braucht schon eine Menge Blumen, um den Mittsommerbaum und den Festtisch zu schmücken – und natürlich jede Menge für festliche Haarkränze!

mit Knusperboden

10 Portionen

20 große Cracker
50 g zimmerwarme Butter
1 EL Paprika

Füllung
200 g Philadelphia-Frischkäse
100 ml Schlagsahne
100 g Blauschimmelkäse

Garnierung
Radieschen und/oder Paprika

In Skandinavien wird der Mittsommer ganz besonders gefeiert. Am Mittsommertag hat die Sonne ihren höchsten Stand erreicht, es ist zugleich der längste Tag und die kürzeste Nacht des Jahres. Bei uns in Schweden feiert man ihn heute am Samstag der Woche vom 20. – 26. Juni. Bis 1953 feierte man ihn stets am 23. Juni, doch dann wurde beschlossen, den Festtag auf den Samstag zu verlegen, damit er besser in die Arbeitswoche passt.
Nach der christlichen Mythologie ist dies das Fest der Geburt Johannes des Täufers.

In anderen Teilen der Welt kennt man den Mittsommerbaum auch als Maibaum. Auch in einigen Gegenden Deutschlands wird um den festlich geschmückten Maibaum herumgetanzt, nicht selten in den Trachten der Region.

Auch dieser Tag hat im Volksglauben seine besondere Magie. In Schweden pflücken die Mädchen am Vorabend sieben oder neun verschiedene Blumen und legen sie unter ihr Kopfkissen, um von ihrem Bräutigam zu träumen. Natürlich darf man dabei bis zum Aufwachen nicht sprechen!

Und wer sich am Mittsommertag nackt im Gras rollt, soll das ganze folgende Jahr über gesund bleiben ...

Die Cracker zerdrücken und zuerst mit dem Paprikapulver, dann mit der Butter gut vermischen.

Den Boden einer Springform mit dem Krümelteig bedecken, entlang des Randes etwas hoch stehen lassen. Gut andrücken und ein paar Stunden in den Kühlschrank stellen.

Den Käse mit dem Frischkäse cremig rühren (das geht am besten mit dem Handmixer). Die Sahne unterheben und die Käsemasse auf dem Crackerboden verteilen und etwa 1 Stunde in den Kühlschrank stellen.

Vor dem Servieren mit Radieschen und Paprikastreifen garnieren.

Say 'cheese': Käsetorten müssen nicht immer süß sein!

In eisgekühlten Gläsern schmeckt der Aquavit doppelt gut.

Ein Kranz aus Kornblumen für das Blumenkind.

Blumen sind auch wunderschön als Tortendekoration!

Erdbeertorte hübsch garniert mit frischen Blüten. Am schönsten serviert auf kunterbuntem Porzellan.

Willkommen zum Mittsommer-Lunch!

HOLUNDERBLÜTENSAFT
Ein herrlich erfrischendes Sommergetränk!

1,6 L Wasser
2 kg Zucker
50 g Zitronensäure
20 Holunderblütendolden
4 unbehandelte Zitronen

Die Blütendolden abspülen und in einen 4–5 Liter-Topf geben.

Die Zitronen waschen und dünn schälen. Die Schale zu den Blüten in den Topf geben.

Das Wasser aufkochen und den Zucker darin auflösen. Den Topf vom Herd nehmen, die Zitronensäure in die Zuckerlösung geben und die Blüten damit übergießen.

Den Topf zugedeckt 3–4 Tage lang stehen lassen, dabei mehrmals täglich umrühren.

Abgießen und auf Flaschen ziehen.

SOMMERPUNSCH

500 ml zerstoßenes Eis
250 ml Wodka
7 EL Himbeersirup
1 TL Glühwein- und Punschgewürz
Apfelschorle

Alle Zutaten in eine Bowleschüssel geben und mit der Apfelschorle aufgießen, bis die gewünschte Alkoholstärke erreicht ist.

Madeleine, eine Bloggerin aus Kalmar, lädt
ein zum Kaffeeklatsch auf ihrer Veranda.

Farbenfroh!

Ein hübsches Windlicht aus einem alten
Senfglas.

Lisa betreibt auf der Insel Resarö vor Stockholm das kleine Restaurant „Husmor Lisa" in ihrem Wohnzimmer.
An Sommerwochenenden kann man hier Pfannkuchen am Bootssteg genießen.

Picknick im Grünen
Lunch in Lisas Sommerhütte

Im Sommer schmeckt das Mittagessen am besten unter freiem Himmel. Ein gutes Picknick zusammenstellen will auch gelernt sein, daher finden Sie hier ein paar Tipps und Anregungen dafür. Vor allem sollte man gleich alles Nötige dabei haben, damit man nicht wieder aufspringen und ins Haus zurücklaufen muss. Wir raten davon ab, für das Picknick im Grünen einen Einweggrill zu kaufen. Es ist gesünder, umweltfreundlicher und auch nicht viel aufwändiger, einen tragbaren Kohlegrill zu verwenden. Wenn es erlaubt ist, kann man auch ein Lagerfeuer anzünden!

Das Auge isst mit: Schauen Sie sich im Garten und in der freien Natur nach essbaren Blüten und Blättern um!

Packen Sie lieber einen Picknickkorb – in einer Stofftasche gehen Gläser und Teller leicht zu Bruch. Denken Sie auch an eine schöne große Picknickdecke.

Picknick am Steg

ROTER LACHSAUFSTRICH

mit Kapern, Tomaten und Zitrone

4 Portionen

Diesen Aufstrich kann man prima vor Ort zubereiten, wenn man alle nötigen Zutaten und Gerätschaften mitnimmt.

400 g Räucherlachs
1 unbehandelte Zitrone
1 Tomate
50 ml frische Kräuter
2 EL Kapern
1 Töpfchen Crème fraiche
1 Knoblauchzehe
Salz und schwarzer Pfeffer

Frisches Brot nach Geschmack

Den Lachs mit einer Gabel zerpflücken (verbliebene Gräten vorher entfernen). Ein wenig Zitronenschale darüber reiben und mit dem Saft der Zitrone
beträufeln.

Die Tomate fein würfeln und in einem Sieb abtropfen lassen.

Die Kräuter (Petersilie, Oregano, Basilikum,
Schnittlauch etc.) hacken und ein paar Blätter als
Garnitur zurückbehalten.

Die Kapern leicht hacken, die Knoblauchzehe pressen und mit der Crème fraiche verrühren.
Nach Geschmack salzen.

Das Brot in Scheiben schneiden und rösten.
Mit dem Aufstrich bestreichen, mit frischen Kräutern garnieren und reichlich schwarzen Pfeffer darüber mahlen.

GEGRILLTES ROASTBEEF

mit gegrilltem Sellerie,
Roter Bete und Sommersalat

6 Portionen

1,5 kg Roastbeef oder ein anderes Grillfleisch
Öl, Salz und Pfeffer
1 EL Butter
1 Kopf Sellerie, ca. 1 kg
Blauschimmelkäse oder Käse nach Wahl
Frischer Oregano, Majoran oder Thymian
Mini-Rote Beete
Frischer Blattsalat nach Wahl und Verfügbarkeit
(versuchen Sie es auch einmal mit frischem Sau-
erklee aus dem Wald!)
Radieschen
Frische Erd- oder Himbeeren, wenn vorhanden

Vinaigrette
2 EL Balsamicoessig oder Apfelessig
50 ml gutes Olivenöl
Dijonsenf

Dieses Gericht ist schnell vorbereitet.

Das Fleisch mit Salz und Gewürzen nach Wahl einreiben, mit Pinsel, Grillzange und Öl zum Grillen einpacken.

Den Sellerie in zentimeterdicke Scheiben schneiden. Die Hälfte der Scheiben auf eine grillgeeignete, geölte Platte legen und den Käse darüber krümeln. Die restlichen Selleriescheiben darauf verteilen und die Platte zum Mitnehmen einpacken.

Die Vinaigrette in einem Marmeladenglas zubereiten und mitnehmen.

Die Rote Bete je nach Größe 10–15 Minuten kochen, schälen, mit einem Klecks Butter in einen Topf legen.

Die Salatmischung abspülen und zum Mitnehmen in eine Plastiktüte geben. Salatschüssel und Besteck nicht vergessen!

Zuerst die Selleriescheiben grillen, danach das mit Öl eingepinselte Fleisch auflegen und wie gewünscht grillen.

Sellerie und Salat in eine Salatschüssel geben, die Rote Beete und Beeren obenauf legen und mit der Vinaigrette beträufeln.

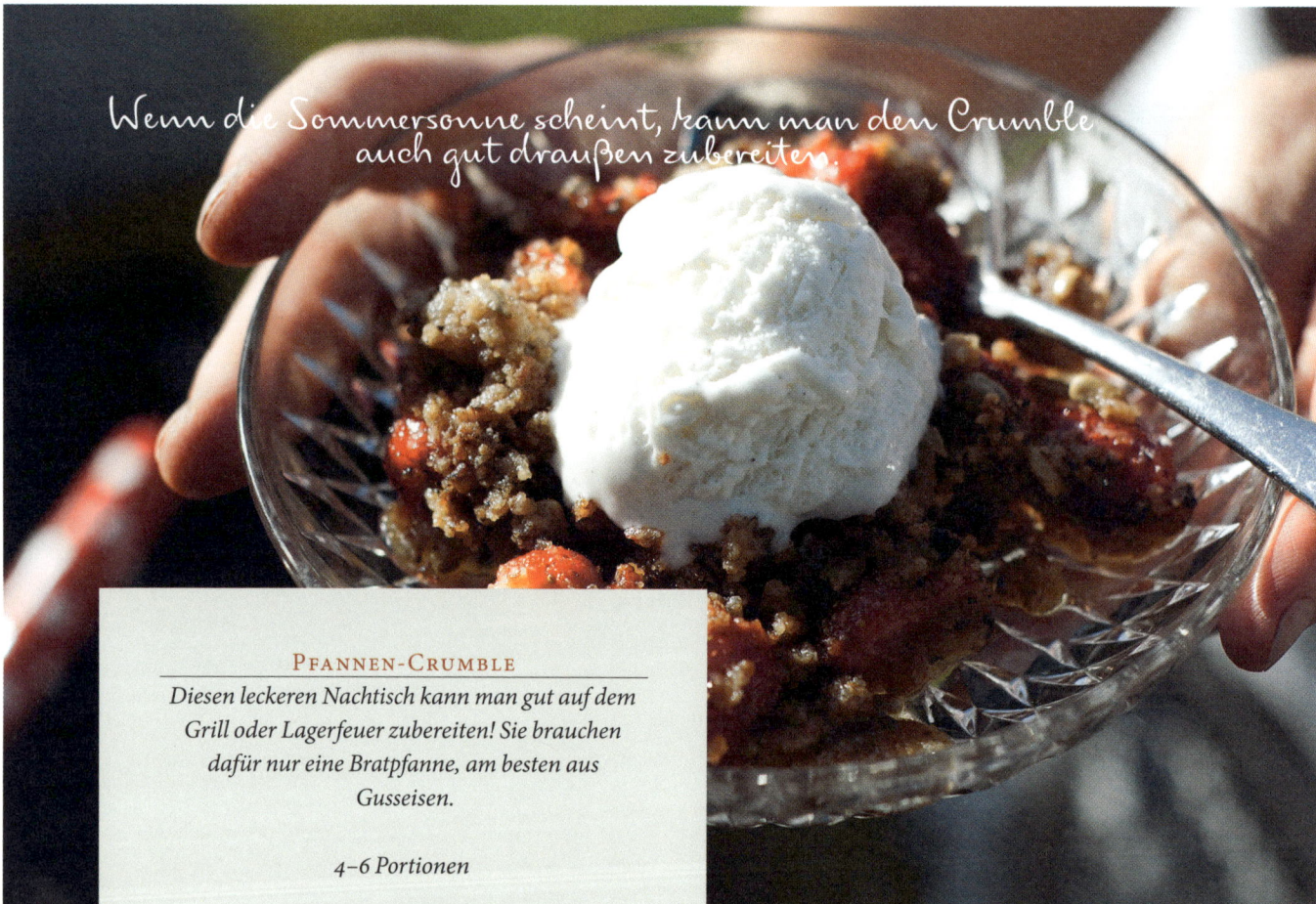

Wenn die Sommersonne scheint, kann man den Crumble auch gut draußen zubereiten.

PFANNEN-CRUMBLE

Diesen leckeren Nachtisch kann man gut auf dem Grill oder Lagerfeuer zubereiten! Sie brauchen dafür nur eine Bratpfanne, am besten aus Gusseisen.

4–6 Portionen

Crumbleteig
300 g Dinkel-Vollkornmehl
200 g Butter
50 g Zucker
2 EL echter Vanillezucker
Nach Geschmack Nüsse und/oder Kerne

Füllung
Früchte der Saison: Apfel- oder Birnenschnitze
oder frische Beeren
150 g Zucker

Butter für die Pfanne

Vanilleeis und Zitronenmelisse

Die Pfanne auf dem Grill heiß werden lassen. Währenddessen die Zutaten für den Teig in eine Schüssel geben und gut mischen.

Die Früchte oder Beeren waschen und putzen und mit dem Zucker mischen.

Die Butter in der Pfanne zerlassen und den Teig darin leicht goldbraun backen. Dann die Früchte zugeben und unter leichtem Rühren weiter backen, bis sich der Zucker aufgelöst hat.

Besonders lecker schmeckt eine Kugel Vanilleeis dazu. Für den besonderen Pfiff sorgt ein wenig frische Zitronenmelisse.

in Garten, Wald und Feld

Tipp: Meiden Sie Wegränder an belebten Straßen oder an Stellen, wo entweder viele Hunde entlang laufen oder wo möglicherweise Pflanzenschutzmittel und andere Chemikalien versprüht wurden. Man sollte ebenfalls die Finger von beim Floristen gekauften Blumen lassen, da diese in aller Regel mit Kunstdünger oder Chemikalien behandelt wurden.

Gänseblümchen
findet man fast überall auf der Wiese.

Veilchen
duften nicht nur wunderbar, sondern sie schmecken auch gut. Man kann sie gut im Garten halten, denn sie verbreiten sich mit der Zeit ganz von selbst. Wenn man sie regelmäßig pflückt, blühen sie fast das ganze Gartenjahr über.

Sauerklee
Ein häufiger Gast auf moosigen Waldböden, herrlich säuerlich und lecker in Salaten.

Große Fetthenne
Ja, selbst die Blüten dieser Sukkulente kann man essen!

Knoblauchsrauke
sorgt, wie der Name schon sagt, für ein feines Knoblaucharoma im Salat. Man soll sie wie alle Wildkrautsorten, z. B. auch Nesseln oder Giersch, möglichst jung ernten.

Löwenzahn
ist ein guter Ersatz für Rauke. Die jungen Blätter haben einen feinen, leicht bitteren Geschmack.

Tannenschösslinge
Geben Sie ein paar junge, hellgrüne Schösslinge beim Braten von Fleisch und Wurstwaren mit in die Pfanne für ein köstliches, rauchiges Waldaroma.

Zuckererbsen
Die jungen Blätter von Zuckererbsenranken schmecken ganz ausgezeichnet im Salat!

Kräuterblüten
Wenn die Küchenkräuter ins Kraut schießen, werden die Blätter leicht holzig, aber kann stattdessen die Blüten verwenden. Versuchen Sie es mit Thymian, Oregano, Bärlauch und Basilikum.

Beerenzeit

WENN DIE ERDBEERZEIT im Garten und im
Wald zu Ende geht, freuen wir uns auf Himbeeren,
Blaubeeren, Stachelbeeren und Weintrauben.

Himbeerparfait – einfach wunderbar!

HIMBEERPARFAIT

4–5 Portionen

300 ml Himbeeren, frisch oder tiefgekühlt
2 EL Orangensirup
2 Eigelbe
5 EL Zucker
300 ml Schlagsahne
Minzblätter zum Garnieren

Die Beeren grob hacken, mit dem Orangensirup verrühren und eine Weile ziehen lassen.

Währenddessen Eier und Zucker schaumig schlagen. Die Sahne steif schlagen. Die Himbeeren mit der Eimischung verrühren und die Sahne darunter heben.

Das Parfait auf Portionsgläser verteilen oder in eine mit kaltem Wasser ausgespülte Schüssel geben und 3–4 Stunden in den Gefrierschrank stellen. Vor dem Servieren mit Minzblättern garnieren.

Kräftskiva – Krebsfest

Das Krebsfest ist bei uns in Schweden eine relativ neue, aber dafür umso beliebtere Tradition. Mönche habe bereits im Mittelalter an fleischlosen Tagen Krebse gegessen, denn diese wurden zu den Fischen gezählt. Damals aß man sie warm. Schon im 17. Jahrhundert findet man in Kajsa Wargs berühmtem Kochbuch Rezepte für damals ebenfalls noch überwiegend warme Krebsgerichte. Krebsfleisch war eine häufige Zutat in Frikassees, Würsten, Aufläufen und Frikadellen. Erst Ende des 19. Jahrhunderts begann man, Krebse so zu essen, wie wir es heute kennen – gekocht, abgekühlt und mit Dill gewürzt.

Krebse waren zuerst vor allem dem Königshaus vorbehalten. Erst gegen Ende des 19. Jahrhunderts fanden sie ihren Weg in die bürgerliche Küche.

Die Krebse wurden bald derart beliebt, dass ihre Vorkommen zu schwinden begannen. Anfang des 20. Jahrhunderts kam die so genannte „Krebspest". Man war gezwungen, die Krebsfischerei mit strengen Auflagen zu regulieren. So war das Fangen von Krebsen bis 1993 erst ab dem 8. August erlaubt. Obwohl die Beschränkung inzwischen aufgehoben wurde, hat sich der August dennoch in Schweden als Monat der Krebsfeste eingebürgert.

Beim Krebsessen nimmt man die Hände als Besteck. Daher wird dort auch nicht auf Etikette geachtet – man darf schlürfen, schmatzen und kleckern nach Herzenslust!

Ein roter Durchschlag als zünftige Servierschüssel.

Bunte Wäscheklammern
dienen als originelle Platzkartenhalter.

Passend zum Anlass
der Serviettenring aus krebsroten Perlen.

Muffinformen aus Keramik dienen
hier als Portionsschälchen.

Sehr dekorativ. Platzsparend und praktisch: eine Servier-Etagere.

83

Jede-bringt-was-mit-Party

bei Syster Lycklig

WIR GENIESSEN DEN SPÄTSOMMER bis zum letzten Sonnenstrahl mit einem Arbeitsessen in Jennys Garten. Dabei planen wir die Herbstsaison im Geschäft. Damit die Gastgeberin nicht die ganze Arbeit hat, bringen alle ein Gericht mit – bei uns wird Teamwork eben groß geschrieben! Außerdem gibt es auf diese Weise für jeden eine kulinarische Überraschung.

Eine pfiffige Verpackung:
Cupcakes im Eierkarton

85

Überraschungsmenü

NACH DEM ARBEITSREICHEN Füllen von Syster Lyckligs Regalen für die beginnende Herbstsaison treffen sich die müden Kriegerinnen zum Genießen und Entspannen auf Jennys Veranda. Jede hat eine Leckerei mitgebracht – suchen Sie sich das Beste heraus!

ANNA UND TINAS ROASTBEEFWRAPS
sommerlich und leicht gemacht!

Dünnes Fladenbrot
Roastbeef in Scheiben
Geröstete Zwiebeln
Salatblätter
Tomaten
Gekochte Kartoffeln
Butter
Gewürzgurke

Sauce
Curry
Mayonnaise
Crème fraiche
Senf

Die Saucen zusammenrühren und das Fladenbrot damit bestreichen.

Die Kartoffeln mit der Gabel zerdrücken und dünn auf dem Brot verteilen. Eine Scheibe Roastbeef und danach die übrigen Zutaten nach Wahl darauf legen und das Ganze zu einer Rolle formen.

WRAPS MIT SHRIMPS
leckere Variante

Dünnes Fladenbrot
Shrimps
Eier
Petersilie
Schnittlauch
Salatblätter, in Streifen geschnitten
Rote Zwiebel

Das Ei hartkochen, schälen und hacken. Alle Zutaten mischen und das Brot damit bestreichen, zur Rolle formen – fertig.

IDAS COUSCOUS MIT GEGRILLTEM HÜHNCHEN
Couscous mit Zutaten mischen und Sauce wählen, einfacher geht es nicht!

Couscous, in Brühe gegart
Paprika, in Streifen geschnitten
Rote Zwiebel, in Ringe geschnitten
Kirschtomaten, halbiert
schwarze Oliven
Olivenöl
Gegrilltes Hähnchen, zerpflückt

1. Sauce
Crème fraiche
Senf
Chutney
Curry

2. Sauce
Ziegenkäse
Crème fraiche
Salz

ISABELLES ERDBEERSALAT

1 Beutel Rauke
1 Paket Fetakäse
1 Dose Pfirsiche
1 kg Erdbeeren
Himbeeressig
Salz und Pfeffer

Den Salat waschen und in eine Schüssel geben. Den Käse darüber würfeln. Pfirsiche grob hacken, Erdbeeren halbieren und beides darüber geben. Den Salat mit Essig, Salz und Pfeffer abschmecken.

JENNYS WECKEN
mit frischen Himbeeren

16 Stück

25 g Hefe
200 ml kalte Milch
200 g Butter, zimmerwarm
3 EL Zucker
2 TL Vanillezucker
ca. 350 g Mehl

Füllung
100 g Butter
3 EL Zucker
2 TL Vanillezucker

Verquirltes Ei zum Einpinseln

Garnierung
100 ml Puderzucker
1 EL Wasser
Frische Himbeeren

Den Ofen auf 250 °C vorheizen.

Die Hefe in einer Schüssel zerdrücken. Die Milch zugeben und so lange rühren, bis sich die Hefe aufgelöst hat.

Zucker, Vanillezucker und Mehl zusammen sieben, die Butter in Flöckchen dazu geben und alle Zutaten zu einem glatten Teig verarbeiten.

Den Teig auf einer mit Mehl bestäubten Arbeitsfläche zu einer ca. 40 x 40 cm großen Platte ausrollen. 10 x 10 cm große Quadrate ausschneiden.

Butter und Zucker für die Füllung verrühren und diese auf die Quadrate verteilen. Darauf je 2 frische Himbeeren setzen. Die vier Ecken über die Füllung legen und die Ecken in der Mitte leicht zusammendrücken.

Die Wecken in Förmchen legen und diese auf ein Backblech stellen. Zugedeckt ca. 2 Stunden bei Zimmertemperatur gehen lassen.

Die Wecken mit verquirltem Ei einpinseln und auf der mittleren Ofenschiene ca. 7–8 Minuten backen.

Die Wecken auf einem Kuchenrost abkühlen lassen.

Puderzucker und Wasser zu einer Glasur verrühren und die abgekühlten Wecken damit überziehen. Mit Himbeeren verzieren und etwas Puderzucker darüber stäuben.

Herbstfeuer

Der Herbst ist da!

❧

DER HERBST hat seinen ganz eigenen Zauber. Es wird nun jeden Tag ein wenig kälter und dunkler. Die langen Sommerferien sind endgültig vorbei und das neue Schuljahr beginnt. Wir laden zum traditionellen Krebsessen ein und die ganz Mutigen genießen dabei auch ihren Surströmming (Vergorener Fisch in Dosen. Nichts für empfindliche Nasen.) Die Zugvögel machen sich auf in wärmere Gefilde. Die Natur verändert ganz allmählich ihre Farben – als hätte man sie angezündet, werden die Blätter erst orange, dann feuerrot und fallen dann ganz sachte zu Boden. Beim Waldspaziergang umweht uns ein kälterer, frischerer Wind. Wer Glück und ein gutes Auge hat, findet jetzt Pilze und Blaubeeren.

Zu Hause holen wir die kuschelige Lieblingsdecke hervor und machen ein Feuer im Kamin. Im ganzen Haus sorgen brennende Kerzen für Wärme und Gemütlichkeit. Eine Art von Winterruhe macht sich breit – endlich können wir mit gutem Gewissen und einer heißen Tasse Tee vor dem Fernseher entspannen.

Erntedankfest

Besonders in ländlichen Gegenden ist das
Erntedankfest noch heute ein wichtiger Festtag.

Zum Erntedankfest wird in den Kirchen das Beste,
was Acker und Garten hervorgebracht haben, auf
dem Altar versammelt und gesegnet. Wir wandern
an den Ständen mit Obst und Gemüse entlang und
genießen Reibekuchen, Glühwein und allerlei andere frische Leckereien.

Früher war dies die Zeit, wo Haus und Scheune
nach der Ernte bis zum Bersten mit den Winter-
vorräten gefüllt waren – der beste Zeitpunkt also,
um nach all der schweren Arbeit ein rauschendes
Fest zu feiern!

Mammas Kürbis-Tarte

6–8 Portionen

125 g Butter
150 g Mehl
1 EL Leinsamen
½ TL Salz
1 EL kaltes Wasser
1 Eigelb

Füllung
4 Eier
150 ml Milch
250 g Quark
1 kleine Zwiebel, gehackt
100 ml Möhren, geraspelt
1 kleiner Kürbis, in Würfeln
Butter zum Braten
Nach Geschmack Kräutersalz und schwarzer
Pfeffer
200 g Västerbottenkäse (ersatzweise Jarlsberg
oder milder Appenzeller), gerieben

1 EL frisch gehackter Thymian

Den Ofen auf 200 °C vorheizen.

Butter, Milch, Leinsamen und Salz im Mixer oder von Hand zu einer grobkörnigen Masse verarbeiten. Wasser und Eigelb zugeben und rasch zu einer geschmeidigen Masse verkneten. Eine 24 cm Springform mit dem Teig auskleiden und für 10 Minuten in den Kühlschrank stellen.

Den Boden auf der mittleren Schiene 10 Minuten blind backen.

Eier, Milch und Quark glattrühren. Zwiebel, Kürbis und Möhren in einer Pfanne scharf anbraten. Den geriebenen Västerbottenkäse mit der Eier-Quarkmischung mischen. Das Gemüse zugeben und mit Salz und Pfeffer abschmecken.

Die Füllung auf dem Boden verteilen und mit frischem Thymian bestreuen, dann nochmals 45 Minuten backen.

Vor dem Servieren etwas abkühlen lassen.

Feiertage

Feiertage sind ein willkommener Anlass, um die tägliche Routine zu unterbrechen. Daher gibt es sie in jeder Kultur und zu allen erdenklichen Anlässen, sowohl religiöser als auch säkularer Natur.

Tradition

Das Wort leitet sich aus dem lateinischen traditio „Übergabe, Auslieferung, Überlieferung" ab und bezeichnet somit das kulturelle und soziale Erbe – dazu zählen alte Sitten und Gebräuche ebenso wie bestimmte Betrachtungsweisen, Dialekte und Wertmaßstäbe.

Auch Normen und Gewohnheiten, die in geschlossenen Gemeinschaften oder in der Öffentlichkeit gepflegt werden gehören dazu. Diese werden innerhalb von Familienverbänden oder Gesellschaftsschichten von Generation zu Generation weitergeführt. Die meisten Traditionen tendieren dazu, sich im Laufe der Zeit an neue Werte und Erkenntnisse anzupassen. Wenn alte Traditionen auf neue Ideen treffen, entwickeln sich in diesem Spannungsfeld immer wieder neuere Versionen der alten Gebräuche.

Die größten Feste in unseren Breitengraden sind das Oster- und das Weihnachtsfest. Diese haben ihre Ursprünge sowohl im heidnischen als auch in christlichem Gedankengut und sind daher ein gutes Beispiel dafür, wie sich Traditionen im Laufe der Jahrhunderte verändern.

MAMAS APFEL-PREISELBEERKUCHEN
– Preiselbeeren passen super zu Apfelkuchen!

6–8 Portionen

150 g Butter
3 Eier
200 ml brauner Zucker
150 ml Mehl
1 ½ TL Zimt
1 ½ TL Vanillezucker
1 TL Backpulver
2 große Äpfel
150 ml Preiselbeeren

Den Ofen auf 175 °C vorheizen.

Die Butter zerlassen und beiseite stellen.

Eier und Zucker schaumig rühren, dann die trockenen Zutaten unterheben.

Die Butter zugeben und alles im Mixer zu einem glatten Teig verarbeiten.

Die Äpfel raspeln und mit den Preiselbeeren mischen.

Eine Springform einfetten und mit Semmelmehl bestreuen. Den Teig in die Form geben, dann das Obst direkt darauf verteilen und mit einer Gabel umrühren.

Auf der mittleren Ofenschiene ca. 45 Minuten backen.

Zum Servieren mit Puderzucker bestreuen und mit frischen Beeren und Blättern garnieren.

APFELGELEE

*Verwenden Sie nach Möglichkeit eine säuerliche
Sorte!*

1 kg Äpfel
300 ml Wasser
500–600 g Zucker

Die Äpfel schälen, in Schnitze zerteilen, und in
dem Wasser auf mittlerer Hitze ca. 20 Minuten lang
sehr weich kochen.

Das Apfelmus in ein Sieb, ein Moltontuch oder
einen Kaffeefilter geben und die Flüssigkeit in einen Topf abrinnen lassen. Das kann 2–3 Stunden
dauern. Das ergibt etwa 500–600 ml Apfelsaft.

Den so gewonnenen Apfelsaft mit der gleichen
Menge von Zucker verrühren und 20–30 Minuten
sprudelnd einkochen lassen.

Das fertige Gelee in sterilisierte Gläser abfüllen. An
einem dunklen, kühlen Ort lagern.

Gesund und lecker als kleiner Imbiss und dekorativ in Salaten und Kuchen!

APFEL-CHIPS

Verwenden Sie so viele Äpfel, wie Sie Chips haben wollen!

Die Äpfel in dünne Scheiben schneiden und mehrere Stunden bei 75 ºC im Backofen trocknen. Sie sind fertig, wenn man sie entzwei brechen kann.

GARDEN TOOL

high strength metal tools...
supply a variety of garden tools in wood handle

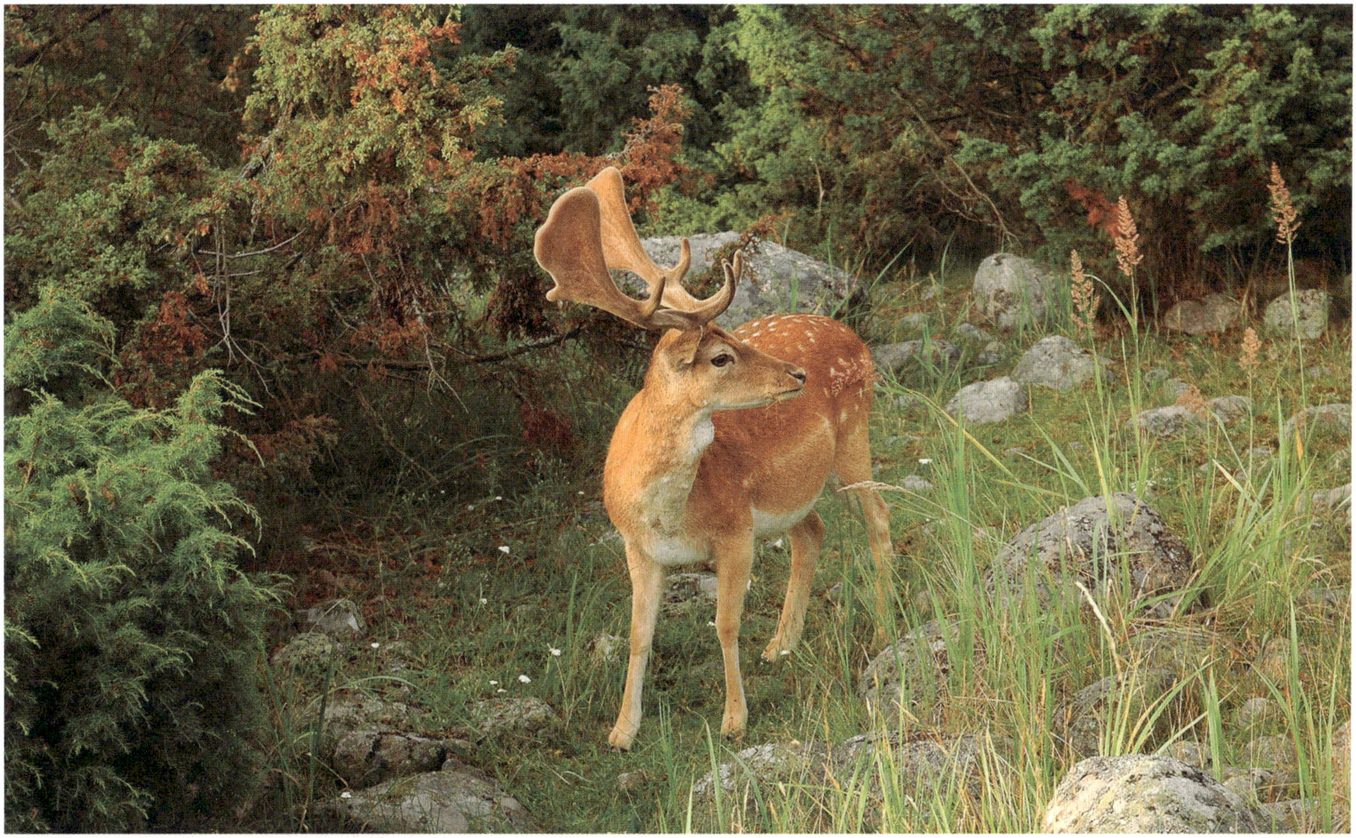

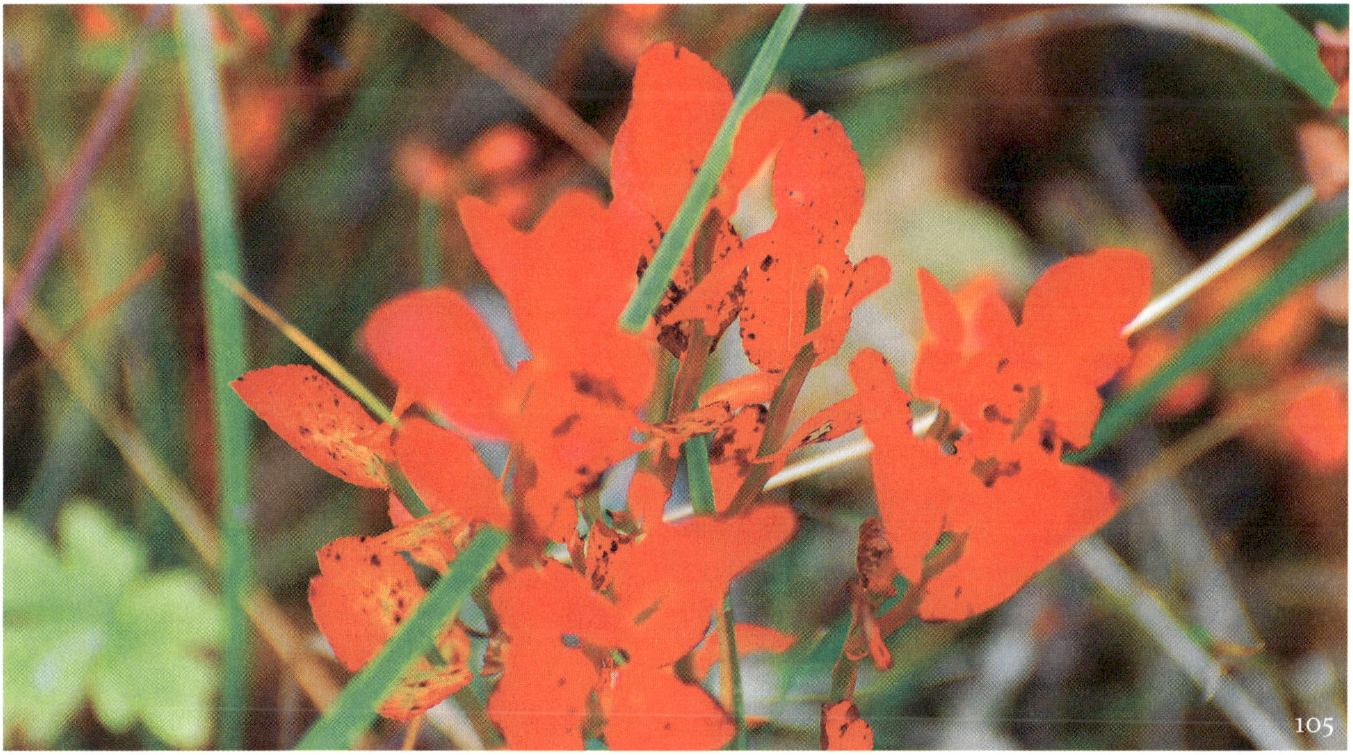

Geschmorte Pilze

– einfach und lecker!

4 Portionen

300 g Pilze
2 EL Butter
2 ½ EL Mehl
150 ml Milch
150 ml Sahne
½ TL Salz
frisch gemahlener weißer Pfeffer

Die Pilze waschen und in kleinere Stücke schneiden und in der Hälfte der Butter schmoren, bis die Pilzflüssigkeit verdampft ist. Dann den Rest zugeben und noch 10–15 Minuten weiter dünsten.

Pilze schrumpfen beim Schmoren stark zusammen, wundern Sie sich daher nicht, wenn vergleichsweise wenig Masse in der Pfanne zurückbleibt!

Das Mehl über die Pilze streuen und gut umrühren, dabei Milch und Sahne zugeben.

Auf schwacher Hitze weitere 10–15 Minuten dünsten, dann mit Salz und Pfeffer abschmecken.

Auf Bauernbrot servieren.

Afternoon Tea

WAS GIBT ES BESSERES an verregneten Nachmittagen als eine stilechte britische Teestunde?

Dazu gehört natürlich zuallererst eine Kanne guter Tee. Dazu gereicht werden kleine Sandwiches oder die traditionellen Scones mit Erdbeerkonfitüre und Sahne – oder ein anderes luxuriöses Backwerk Ihrer Wahl.

Das Glas Champagner dazu ist optional, rundet den Nachmittag jedoch aufs Wunderbarste ab!

STILECHTE TEESTUNDE

Richten Sie die Konfitüre in dekorativen Schälchen an, gern mit einem Spitzendeckchen darunter.

Für den Champagner müssen es natürlich die besten Gläser sein.

Eine dekorative Etagere für das Gebäck ist „very British". Die Servietten sollten farblich darauf abgestimmt sein. Ein paar Blüten und Zweige machen den Teetisch besonders festlich.

Mit einer dekorativen Schleife bekommt die Champagnerflasche den richtigen Pfiff.

Auch fertig gekaufte Muffins kann man dekorativ mit Glasur und bunten Streuseln dekorieren.

ETAGERE SELBST GEMACHT

Wenn Sie keine Etagere haben, improvisieren Sie mit dekorativen Tellern und Schüsseln aus Ihrem Fundus. Achten Sie jedoch darauf, dass das Ganze kippsicher gestapelt ist, damit man das Gebäck gefahrlos vom Teller nehmen kann!

Man kann das Ganze auch aus bunter Pappe basteln. Diese muss jedoch für diesen Zweck sehr stabil sein und sicher verleimt werden. Dekorative Etageren aus Karton gibt es inzwischen in gut sortierten Haushaltsgeschäften zu kaufen.

Der Teetisch ist hübsch gedeckt.

Rund um den Tee

Tee trinkt man bereits seit über 2000 Jahren. Die vier größten Herkunftsländer sind China, Indien, Sri Lanka und Kenia.

Grüner Tee ist ein nicht oxidierter Tee. Er ist die gebräuchlichste Teesorte in China. Er wird als besonders gesund betrachtet und es gibt ihn heute auch in allerlei zusätzlichen Geschmacksrichtungen.

Weißer Tee ist leicht „anoxidiert". Er gilt ebenfalls als sehr gesund und ist daher in letzter Zeit sehr populär geworden.

Gelber Tee ist nur leicht oxidiert und hat daher bereits seine leicht gelbe Farbe.

Blauer Tee (Oolong) ist halb fermentiert. Seine Oxidationszeit liegt irgendwo zwischen grünem und schwarzem Tee. Er gilt in China als besonders edel.

Roter Tee ist vollständig oxidierter Tee und hat nach dem Aufgießen eine rotbraune Farbe. Bei uns bezeichnet man ihn jedoch angesichts der schwärzlichen getrockneten Teeblätter als schwarzen Tee.

Andere Teesorten

Teebeuteltee ist zwar praktischer in der Anwendung, besteht jedoch häufig aus minderwertigen Resten, die bei der klassischen Teeherstellung anfallen.

Kräuter- und Früchtetee besteht nicht aus Teeblättern, sondern aus den entsprechenden getrockneten Kräutern und Früchten.

Aromatisierter Tee Hier werden dem schwarzen, grünen oder weißen Tee getrocknete Kräuter, Früchte oder künstliche Aromastoffe hinzugefügt.

Nach dem Aufguss wird das Teesieb mit der Lieblingssorte einfach in eine dekorative Schüssel abgelegt.

Es ist immer der richtige Zeitpunkt für
eine schöne Tasse Tee!

KLASSISCHE SCONES

4 Stück

375 g Mehl
4 TL Backpulver
1 TL Salz
125 g Butter
300 ml Milch

Den Ofen auf 250 ºC vorheizen.

Mehl, Backpulver und Salz in eine Schüssel sieben. Die Butter in Flöckchen dazugeben und mit den Fingerspitzen in dem Mehl verreiben.

Die Milch zugeben und alles zu einem glatten Teig verkneten. Es macht nichts, wenn dieser ein wenig klebrig ist.

Den Teig in vier Teile teilen und auf ein mit Backpapier ausgelegtes Backblech legen. Dann mit der Gabel zu runden Kuchen formen

Die Scones auf der mittleren Ofenschiene etwa 10 Minuten goldgelb backen.

Noch warm mit Erdbeerkonfitüre und Schlagsahne servieren.

TEE-SANDWICHES

Diese Schnittchen sind typisch britisch!

4 Portionen

8 Scheiben Toast
2 EL Mayonnaise
1 EL Senf
Salz und Zitronenpfeffer
Räucherlachs, kalt geräuchert
Butter
Erbsensprossen

Die Rinde rundherum abschneiden und den (ungerösteten!) Toast mit Butter bestreichen.

Mayonnaise und Senf verrühren, salzen und pfeffern und das Brot damit bestreichen.

4 Scheiben Toast mit je 1 Scheibe Räucherlachs belegen und die Erbsensprossen darüber verteilen.

Die restlichen 4 Toastscheiben darauf legen und jedes Sandwich einmal diagonal durchschneiden. Wer mag, kann die so entstandenen Dreiecke nochmals durchschneiden.

Die fertigen Mini-Sandwiches dekorativ auf einer Servierplatte anrichten.

NUN IST ES ZEIT, Balkon und Garten auf den langen Winter vorzubereiten.

Tipp: Notieren Sie sich im Frühling, wo Sie die Zwiebelpflanzen gesetzt haben und orientieren Sie sich mit dem Umgraben im Herbst nach diesem Plan. So vermeiden Sie es, versehentlich Blumenzwiebeln auszugraben.

Großer Herbstputz

Lassen Sie Grasabfälle und abgefallene Blätter ruhig auf den Beeten liegen und verteilen das von den Wegen geharkte Laub ebenfalls auf den Beeten und rund um empfindliche Sträucher. Das sorgt für effektiven Frostschutz und versorgt die Insektenlarven im Boden mit Nahrung, die diese wiederum in nährstoffreichen Humus umwandeln.

Ordentlich Aufräumen

Gartenmöbel und Gerätschaften werden nun eingesammelt und ordentlich im Geräteschuppen verstaut. Pflanzkübel ohne Pflanzen ausleeren und über Winter vor Frost geschützt verstauen – oder mit Reisig oder Tannenzweigen dekorieren!

Äste und Zweige mit schwarzfleckigen Laub oder mit Pilzbefall sorgfältig entfernen. Nicht auf den Kompost werfen, sondern verbrennen oder zum Recyclinghof bringen!

Zwiebelpflanzen

wie Tulpen, Narzissen, Hyazinthen und Schneeglöckchen werden jetzt in Garten und Blumentöpfe gepflanzt. Sie sollten so schnell wie möglich nach dem Einkaufen ausgepflanzt werden, damit sie nicht unnötig austrocknen. Tulpenzwiebeln kann man bis lange in den Herbst hinein in den Garten setzen – bis die ersten Fröste kommen, um genau zu sein. Doch es ist besser, es zeitig zu tun, damit die Zwiebeln soviel Zeit wie möglich haben, um sich im Garten zu etablieren.

Zwiebeln pflanzt man dreimal so tief ein, wie diese lang sind. Ist eine Zwiebel 2 cm lang, setzt man sie also 6 cm tief in den Boden.

Rosen

Jetzt sollte man die Erde rund um die Rosenstöcke anhäufeln, um sie vor Frost zu schützen, vor allem, wenn diese frisch gepflanzt wurden. Nehmen Sie dafür die Erde, die sich in den Beeten befindet.

TIPPS UND TRICKS

Es ist immer eine gute Idee, ein Beet mit Blumen und Stauden zu bepflanzen, die zu verschiedenen Zeiten blühen. Dann gibt es keinen „Leerlauf" in diesem Teil des Gartens. Außerdem sollten die Pflanzen jeweils unterschiedlich hoch wachsen.

Zwiebelpflanzen verbreiten sich von selbst im Garten und sind besonders schön im Staudenbeet, denn so gibt es dort bereits früh im Jahr eine wunderbare Blütenpracht. Das frische Laub der Stauden verdeckt später das verwelkte Laub der Zwiebelpflanzen. Es empfiehlt sich nämlich nicht, das welke Laub abzuschneiden, denn dadurch wird der Pflanze viel Lebenskraft für die nächste Blüte genommen.

Man kann die Zwiebelpflanzen auch in einen Drahtkorb pflanzen, der dann nach dem Ausblühen ganz einfach aus dem Beet entfernt und in einen entlegenen Teil des Gartens verbracht wird. Dort kann das Laub in Ruhe verwelken und die Zwiebeln sammeln Kraft für das neue Jahr.

Zwiebelpflanzen im Pflanzkübel müssen besonders gut vor Frost geschützt werden. Wenn man die Möglichkeit hat, sollte man sie an einem kühlen Ort im Haus überwintern lassen, etwa in der Veranda bei Temperaturen deutlich über 0 °C.

Pflanzen Sie
Zwiebelgewächse in Gruppen
von mehreren Sorten oder
Farben – das sorgt für einen
schönen Blickfang im
Garten!

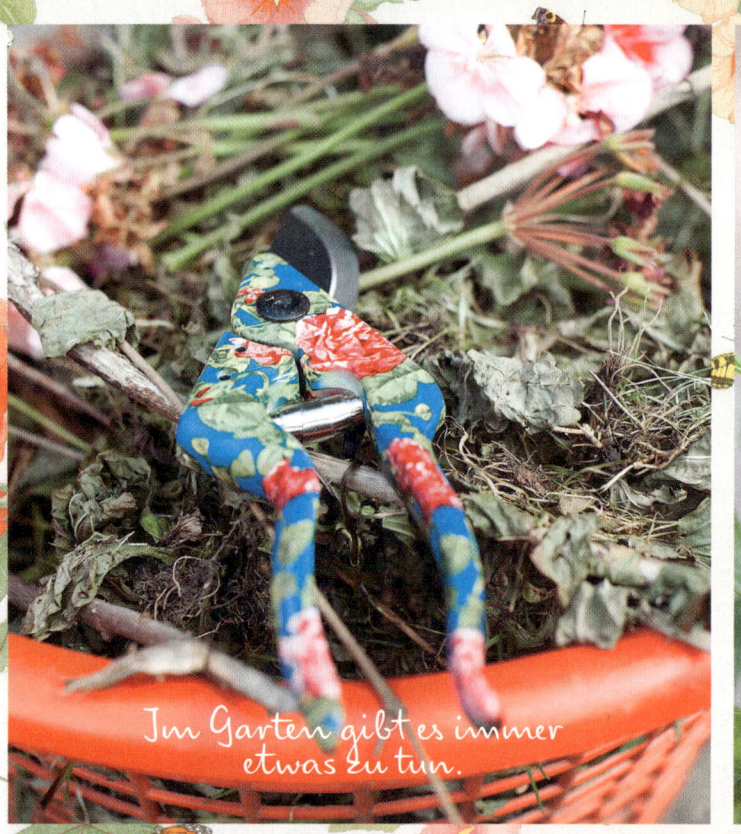

Im Garten gibt es immer etwas zu tun.

Genau wie man den Standort von Rosen oder Pfingstrosen nach ihrer Blütezeit plant, kann man das auch bei Herbstgewächsen tun.

Pflanzen, die im nächsten Jahr wiederkommen, nennt man Stauden oder mehrjährige Pflanzen. Dazu gehören Schafgarbe, Stockrosen, Margeriten, Vergissmeinnicht, Phlox, Astern und Anemonen.

DIE RICHTIGE PLANUNG

Vor jedem Fest muss erst einmal ordentlich Staub gewischt werden. Die Küche und der Esstisch werden gewienert und auch im Bad muss alles frisch und sauber sein. Vergessen Sie nicht, Toilettenpapier nachzufüllen und stellen vielleicht auch eine Schale mit Pfefferminzkaugummi ins Bad.

Das gründliche Putzen in den Zimmerecken oder unter dem Sofa ist nicht so wichtig, denn darauf achten die Gäste ohnehin nicht. Das kann mit dem Großreinemachen am Morgen danach gleich mit besorgt werden.

Legen Sie einen Menüplan an: Was kann man schon vorbereiten und was sollte man erst am Festtag machen? Wie lange vorher muss man bestimmte Zutaten bestellen? Je nach Anlass genügt ein grober Überblick oder es empfiehlt sich ein regelrechter Stundenplan.

TISCHDEKORATION

Ein Tischtuch kann einen ganzen Raum verwandeln. Ein altes Spitzentuch im Verbund mit dem alten Blümchengeschirr beispielsweise sorgt für eine wunderbar romantische, nostalgische Stimmung.

Kerzenhalter und Blumen-schmuck bringen Dynamik auf den Tisch und unterstreichen die angestrebte Atmosphäre.

Farben geben die Stimmung an. Überraschen Sie Ihre Gäste einmal mit einer Ton-in-Ton-Symphonie einer einzigen Grundfarbe.

Blumen und Früchte – zum Beispiel Limonen – kann man auch als Tischkarten verwenden: Einfach ein Namensschildchen mit einer Nadel daran befestigen!

Süßigkeiten sind immer beliebt. Richten Sie Schälchen mit kleinen Leckereien auf einem gesonderten Mini-Buffet an – garantiert ein Erfolg!

Pinsel und Farbe Peppen Sie einen langweiligen Tisch kann mit einem neuen Anstrich auf – wie wäre es mit einem schwarzweißen Schachbrettmuster? Wenn man die Tischplatte mit schwarzer Tafelfarbe anstreicht, kann man das Menü direkt darauf schreiben. Besonders lustig für Kinderpartys!

Tischschmuck Für einen festlichen Blickfang auf dem Tisch ist eigentlich alles erlaubt: ein breites Seidenband, dekorative Äste oder Zweige, Steine, Pailletten, Blüten... lassen Sie Ihre Fantasie spielen!

Da ist der Erfolg vorprogrammiert!

119

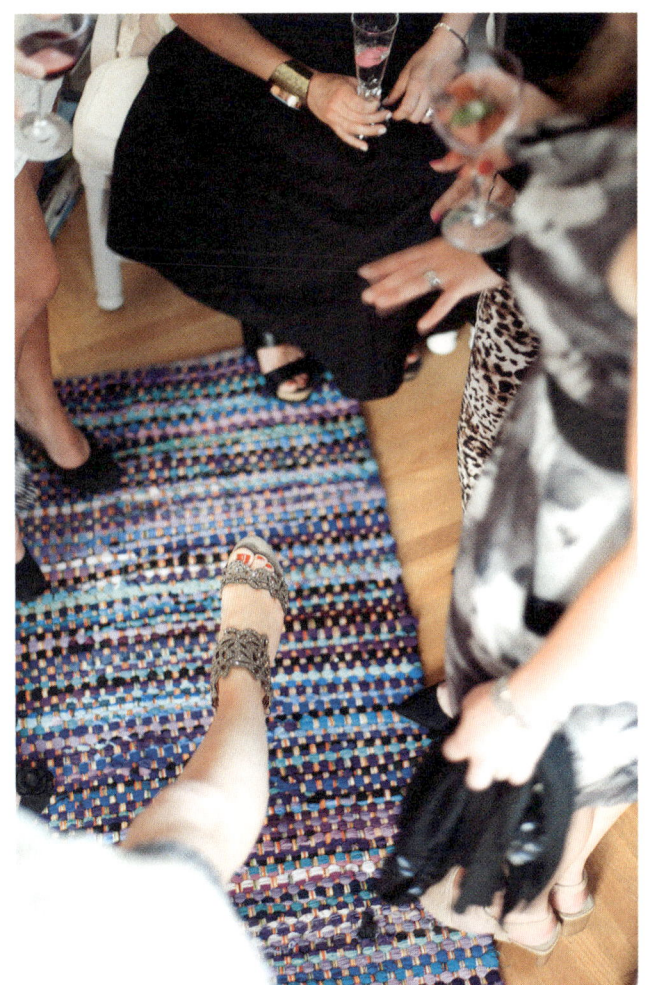

Servietten – Sorgfältig auf die Farbe der Tischdecke abgestimmte und hübsch gefaltete Servietten sind schon die halbe Miete.

Leinen- oder Stoffservietten sind natürlich sehr viel edler als Papierservietten. Leinenservietten sollten bei mindestens 60 Grad gewaschen werden und am besten draußen, jedoch nicht im direkten Sonnenlicht getrocknet werden.

Kaltes und warmes Buffet – Besonders bei großen Festen mit vielen Gästen ist es eine gute Idee, alle Gerichte auf einem Buffet anzurichten. Dann kann sich jeder Gast das nehmen, was er am liebsten mag oder am besten verträgt. Außerdem kann dann jeder essen, soviel oder so wenig er mag.

Nach einer ungeschriebenen Regel beginnt man zuerst mit Fisch oder Krustentieren und geht erst dann zu Fleisch und warmen Gerichten über. Das Dessert kommt natürlich erst zuletzt an die Reihe.

MAMAS WEISSBROT

ein schnell gemachtes, gutes Brot!

Für 2 Laibe

25 g Hefe
500 ml Wasser
½ EL Salz
1 EL Öl
600–700 g Mehl

Das Wasser auf Körpertemperatur erwärmen. Die Hefe in ein paar Esslöffeln des Wassers auflösen. Dann das restliche Wasser, Salz, Öl und nach und nach soviel Mehl zugeben, dass sich alles zu einem geschmeidigen Teig verkneten lässt. Der Teig ist gut, wenn er beginnt, sich von der Schüssel zu lösen.

Die Schüssel mit dem Teig auf die Arbeitsfläche stülpen und den Teig darunter etwa 45 Minuten gehen lassen.

Inzwischen den Ofen auf 250 ºC vorheizen. Den Teig nachmals durchkneten und zu einem 30 x 50 cm Rechteck ausrollen. Der Länge nach zusammenrollen und in zwei Teile schneiden. Mit der überstehenden Kante nach unten auf ein mit Backpapier ausgelegtes Backblech legen, dabei in die gewünschte Form bringen.

Nochmals 20 Minuten gehen lassen. Dann 10 Minuten bei 250 ºC backen, die Backtemperatur auf 175 ºC senken und nochmals 35–40 Minuten goldbraun backen. Auf einem Kuchenrost abkühlen lassen.

FRISCHKÄSE-AUFSTRICH

– schmeckt superlecker zum Weißbrot!

6–8 Portionen

1 Liter Dickmilch
200 ml saure Sahne
2 Knoblauchzehen
70 g Ziegenkäse
Schwarzer Pfeffer
Salz
1 EL frischer Thymian

Die Dickmilch auf 40 °C erwärmen (am besten ein Thermometer verwenden), bis sie gerinnt.

Den Topf vom Herd nehmen, dann die saure Sahne unterrühren, die Masse in einen Kaffeefilter geben und das Ganze am Besten über Nacht in den Kühlschrank stellen. Die Masse soll eine streichfähige Konsistenz haben.

Den Knoblauch sehr fein hacken, den Ziegenkäse zerdrücken und gut mit der Frischkäsemasse verrühren. Mit Salz und Pfeffer abschmecken und mit frisch gehacktem Thymian bestreut servieren.

Frisches Brot mit Frischkäseaufstrich!

Leere Blechdosen mit einem hübschen Band umwickelt werden zu schicken Servierbehältern.

Eine Schublade mit tapeziertem Boden dient als dekorativer Rahmen für eine Gruppe bunter Tassen mit süßen Leckereien. Dazu passen frische Geranienblüten.

Mithilfe der Serviettentechnik werden alte Pappkästen zu wunderhübschen Geschenkkartons!

Unsere leckere Sangria, auch als alkoholfreie Variante mit rotem Fruchtsaft!

SANGRIA
– wunderbar bei großen Festen!

Für 6–8 Gläser

1 Flasche Rotwein
3 ½ EL Zucker
40 cl Apfelsaft
1 Apfel in dünnen Scheiben
2 Pfirsiche in dünnen Scheiben
Eiswürfel
Frische Minze

Wein und Zucker in eine Karaffe geben und so lange rühren, bis sich der Zucker aufgelöst hat.

Die restlichen Zutaten dazu geben und bis zum Servieren in den Kühlschrank stellen. Die Eiswürfel erst unmittelbar vor dem Servieren zugeben..

Schnittchen mit Pfiff

Lachs-Spinat-Taschen

6–8 Portionen

4 Platten tiefgekühlter Blätterteig
2 Pakete tiefgekühlter Spinat
300 g Räucherlachs
1 Zwiebel
1 Bund Dill
3 EL Butter
1 Eigelb
50 ml saure Sahne
1 Prise Knoblauchpulver
Salz
Schwarzer Pfeffer
1 Ei, verquirlt

Den Ofen auf 250 °C vorheizen.

Den Blätterteig und Spinat auftauen.

Den Lachs in dünne Streifen schneiden. Dill und Zwiebel fein hacken.

Die Zwiebel in der Hälfte der Butter glasig dünsten, dann den Lachs zugeben und ein paar Minuten weiter dünsten. Mit Pfeffer würzen.

Den Topf vom Herd nehmen und saure Sahne und Eigelb zugeben. Abkühlen lassen.

Den Spinat ausdrücken, grob hacken und in der restlichen Butter dünsten. Mit Knoblauchpulver, Salz und Pfeffer abschmecken.

Den Blätterteig zu 10 x 30 cm großen Rechtecken ausrollen.

Je zwei Rechtecke auf ein mit Backpapier ausgelegtes Bachblech legen. Die Kanten mit dem verquirlten Ei einpinseln.

Zuerst den Spinat, dann den Lachs auf den Teigrechtecken verteilen.

Je eine Teigplatte darauflegen und die Teigkanten mit einer Gabel rundherum gut zusammendrücken.

Die Teigtaschen mit dem Ei einpinseln und auf der mittleren Ofenschiene etwa 10 Minuten backen.

Die Teigtaschen abkühlen lassen und vor dem Servieren in Schnittchen zerteilen.

SCHOKOLADEN-KÄSEKUCHEN

6–8 Portionen

Käsekuchenteig
300 g Philadelphia-Frischkäse
1 TL Vanillezucker
75 g Zucker

Brownie-Teig
2 Eier
200 ml Zucker
100 g Butter
3 EL Kakaopulver
100 ml Mehl
½ TL Backpulver

Fudge-Glasur
40 g Butter
1 EL Milch
150 g Puderzucker
2 EL Kakaopulver
Silberkügelchen zum Garnieren.

Verwenden Sie eine Backform mit herausnehmbaren Boden und klemmen Sie ein Backpapier zwischen Boden und Rand.

Käsekuchenteig
Alle Zutaten zusammen glattrühren und beiseite stellen.

Brownie-Teig
Den Ofen auf 180 °C vorheizen.

Eier und Zucker schaumig schlagen.

Die Butter mit dem Kakaopulver in einem Topf zerlassen und rühren, bis sich der Kakao gleichmäßig aufgelöst hat.

Die Butter in die Eimischung rühren. Mehl und Backpulver darüber sieben und alles zu einem platten Teig verrühren.

Die Hälfte des Teiges in eine Springform geben und glattstreichen. Den Käsekuchenteig vorsichtig ganzflächig darüber verteilen, dann den restlichen Brownie-Teig darüber verstreichen.

Auf der unteren Ofenschiene etwa 30 Minuten backen und in der Form abkühlen lassen.

Fudge-Glasur
Die Butter mit der Milch in einem Topf zerlassen. Gut mit dem Puderzucker und dem Kakaopulver verrühren und einige Minuten kochen lassen. Die Masse mithilfe eines Kuchenspachtels gleichmäßig auf dem Kuchen verteilen. Sofort mit Silberkügelchen dekorieren und zum Erkalten in den Kühlschrank stellen.

Der Kuchen schmeckt am besten frisch aus dem Kühlschrank mit einem Löffel Schlagsahne dazu!

Glitzernde Silberkugeln und Pailletten – eine prachtvolle Dekoration für einen Käsekuchen, der nicht von Pappe ist. Er sollte ruhig vor dem Servieren ein bis zwei Tage im Kühlschrank stehen!

Mütze auf und ab in den Schnee!

❦

Es ist wieder an der Zeit, die Thermosflasche mit heißer Schokolade in den Rucksack zu packen, um einen langen Spaziergang in der weißen Winterwunderlandschaft zu genießen. Der Anblick tief verschneiter Wiesen, Berge und Wälder ist Erholung für die Seele.

Träumen wir nicht alle von einer weißen Weihnacht? Seien wir ehrlich – besser als grauer, nasser Matsch ist das allemal!
Im Winter gibt es viele wunderbare Möglichkeiten, Sport zu treiben – Schlittschuh laufen, Abfahrt- und Langlaufski, Rodeln ...
Man sollte auch als Erwachsener das ausgelassene Spielen nicht vergessen!

Weihnachten ist das größte Fest der Wintersaison und so finden Sie hier selbstverständlich ein paar Anregungen dazu. Im Februar folgt dann der Valentinstag – und natürlich ist dies die beste Jahreszeit für eine gemütliche Kaffeestunde.

Der Winter kann jeden Tag anders aussehen – und sogar jedes Jahr!

Bald ist Weihnachten

DAS WEIHNACHTSFEST ist im Grunde das traditionsreichste Fest unserer Zeit. Hier in Schweden und auch anderswo vermischen sich dabei die alten Traditionen mit neuen Trends und liebgewordenen Bräuchen. Weihnachten feiert ein jeder auf seine ganz eigene Weise.

Wir backen Pfefferkuchen, zünden Kerzen an und der Adventskalender für die Kinder wird aufgehängt. Bald schon geht es ans Einpacken der Geschenke und der Christbaum wird festlich geputzt. Weihnachtskarten werden geschrieben – und die Internetaffinen unter uns verschicken Rundmails. Zu Weihnachten versammeln wir gern Familie und Freunde um uns. Viele von uns freuen sich das ganze Jahr über auf Weihnachten.

ADVENTSVORBEREITUNGEN

Die Zeit vor Weihnachten, in der sich die Christenheit auf Weihnachten vorbereitet, heißt eigentlich Adventus Domini, (lat., die Ankunft des Herrn). In seiner heutigen Form ist diese Zeit bereits seit dem 7. Jahrhundert nach Christi Geburt bekannt.

ADVENTSKALENDER

Nach einer der vielen Legenden, die sich um die Entstehung des Adventskalenders ranken, soll er von Gerhard Lang (1881–1974) erfunden worden sein. Dessen Mutter hatte seinerzeit 24 Kästchen auf einen Karton gezeichnet, eines für jeden Tag vor Weihnachten, und je ein Gebäckstück darauf genäht. Gerhard Lang, Sohn eines Pfarrers, wurde Drucker und brachte ab 1908 zur Adventszeit prächtige Zeichnungen heraus, die man ausschneiden und auf einen Karton kleben konnte. Erst um 1920 gab es Kalender mit Türchen zum Öffnen.

ADVENTSKALENDER IN SCHWEDEN

Bei uns in Schweden wurden die ersten Adventskalender 1934 von den Pfadfinderinnen verkauft. Der Leiter des Pfadfinderverbands, Henry Mörner, hatte im Jahr zuvor einen Kalender von deutschen Verwandten erhalten und übernahm diese Idee sofort für seine Organisation.

Seit 1957 gab es Adventskalender-Sendungen im schwedischen Radio. Im Fernsehen gab es den ersten „Adventskalender" im Jahre 1961 und dieser war so erfolgreich, dass er von nun an alljährlich ausgestrahlt wurde. Ab 1971 änderte man den Namen in „Julkalender".

SCHWIBBOGEN

Bogenförmige Adventsleuchter mit mehreren Kerzen kennt man in Deutschland wie in Schweden. In Deutschland geht diese Form auf die Bergmannszunft zurück. Die Bergleute hingen ihre Grubenlampen in der letzten Schicht vor Weihnachten bogenförmig an die Wand und dann wurde eine Andacht gehalten. Der erste Schwibbogen („Schwebebogen") soll im 18. Jahrhundert entstanden sein.

Schwedenleuchter mit elektrischen Kerzen verdanken ihren Ursprung dem Zufall: 1937 montierte der Arbeiter Oskar Andersson aus reklamierten Beständen gerettete Kerzen in einen Schwedenleuchter und hatte sofort großen Erfolg damit.

WEIHNACHTSSTERNE

Die Sitte, um die Weihnachtzeit Sterne aufzuhängen, soll im 19. Jahrhundert im sächsischen Herrnhut entstanden sein. Schüler einer dortigen Schule fertigten zur Adventszeit Sterne aus Pappe an. Das wurde von da an zur Tradition und verbreitete sich bald in der ganzen Welt.

Die Verbreitung des Weihnachtssterns in Schweden soll auf Julia Aurelius zurückgehen, die 1912 von Deutschland nach Schweden gezogen war. Anfangs waren die Sterne zumeist sehr groß und man hing sie daher an Eingangstüren oder am Dachgiebel auf.

Ein typisch schwedischer Klassiker ist der orangefarbene, siebenzackige „Tindra Kristall"-Stern. Dieser wurde von Erling Persson, dem späteren Gründer von Hennes & Mauritz im Jahre 1941 zuerst hergestellt.

DAS LUCIAFEST

In Skandinavien, vor allem in Schweden, wird am 13. Dezember das Luciafest gefeiert. Nach dem alten Kalender war dies die längste Nacht des Jahres. Obwohl man sich heute nach einem neueren Kalender richtet, wurde das Datum jedoch beibehalten.

An diesem Tag vermied man es, sich schlafen zu legen, denn die dunkle Nacht galt als Domäne der Kräfte der Finsternis. Traditionell wird ein junges Mädchen zur Luciabraut erkoren. Diese geht ganz in Weiß gekleidet und trägt eine Krone aus brennenden Kerzen im Haar. Auch dieser Brauch soll ursprünglich aus Deutschland nach Schweden gekommen sein – im 18. Jahrhundert verteilte dort mancherorten ein junges Mädchen im Weißen Gewand als „Christkind" kleine Weihnachtsgaben.

Die erste schwedische Luciabraut ist im Jahre 1764 aus Horn nördlich von Skövde belegt. Zuerst war diese Tradition auf das westliche Schweden beschränkt, verbreitete sich aber im ganzen Land, als das Stockholmer Tageblatt 1927 die erste Luciabraut der Stadt kürte.

WEIHNACHTSKARTEN

Der Brauch, zur Weihnachtszeit Grußkarten zu verschicken, entstand um die Mitte des 19. Jahrhunderts in London. Um diese Zeit führte das internationale Postwesen auch die Briefmarken ein, was das Verschicken von postalischen Grüßen insgesamt erleichterte. In Deutschland ging man erst nach dem ersten Weltkrieg zu Postkarten über, davor schickte man sich eher Weihnachtsgrüße auf Briefbögen mit gedruckten Randornamenten.

DER CHRISTBAUM

Der erste schwedische Christbaum wurde 1741 von der Familie Wrede-Sparre auf Stora Sundby im Södermanland aufgestellt.

Erst gegen Ende des 18. Jahrhunderts begann diese Sitte sich jedoch vom Adel ausgehend über das Bürgertum bis in die einfachen Haushalte weiter zu verbreiten. Die ersten Christbäume waren oft noch sehr klein und standen meist auf dem Tisch oder hingen sogar von der Decke herab. Prächtige Christbäume konnten sich nur die Reichen leisten.

Auch diese Sitte soll ursprünglich aus Deutschland stammen, wo man bereits seit dem Mittelalter immergrüne Zweige zum Schutz gegen dunkle Mächte im Haus aufhing. Diese Tradition ist jedoch auch in Schweden bekannt, wo man früher zum Schutz gegen das Böse oder als Friedenssymbol Tannenzweige am Haus oder am Gartentor aufhing.

DER WEIHNACHTSMANN

Ursprünglich wurden Weihnachtsgeschenke am 6. Dezember, dem Festtag des heiligen Nikolaus von Myra verteilt Dieser war ein Bischof aus dem 3. Jahrhundert, der wegen seiner Mildtätigkeit seliggesprochen wurde. Mit der Reformation wurde der Bescherungstag auf den 24. Dezember verlegt und es war das Christkind das die Geschenke brachte. Die heute bekannte Figur des Weihnachtsmanns geht weniger auf St. Nikolaus als auf das Lied „Morgen kommt der Weihnachtsmann" zurück, das der Schriftsteller Hoffmann von Fallersleben 1835 schrieb. Der amerikanische Coca-Cola-Konzern hat ebenfalls einen großen Anteil an der Verbreitung der heute bekannten Form mit rotem Mantel und weißem Rauschebart.

In Schweden hingegen gibt es den „Jultomte" (Weihnachtszwerg). Dessen heutige Form entwickelte sich übrigens ebenfalls im 19. und frühen 20. Jahrhundert – auch hier ist es eine Mischform aus dem skandinavischen Julbock (Weihnachtsbock), einem heidnischen Fruchtbarkeitssymbol, der früher in Skandinavien die Geschenke brachte, sowie dem „Tomte" (Hofzwerg), einer Art Schutzgeist, und nicht zuletzt dem heiligen Nikolaus von Myra.

Julklapp war ursprünglich ein ländlicher Brauch in Skandinavien. Am Weihnachtsabend schlich man sich um die Höfe und klopfte ("klappte") an die Haustür. Wenn diese geöffnet wurde, warf der geheimnisvolle Besucher eine Strohfigur oder ein kleines Geschenk ins Haus und lief eilig davon. Oft lag ein lustiger Vers dabei, der erklärte, warum man dieses Geschenk ausgesucht hatte.

Recyclingkunst mit Zeitungspapier und Bastschnur

Dieses Jahr werden die Geschenke mit zarter Seidenschnur dekoriert.

Es muss nicht immer strohfarben sein: Wir haben den traditionellen „Julbock" mit weißer Farbe angesprüht und mit einer knallroten, gepunkteten Schleife geschmückt.

So eine Hühner-
leiter ins Kinderzimmer ist
praktisch: Für jeden Advent-
stag wurde hier ein kleines
Päckchen an die Sprossen
gehängt.

*Mehr Christbaum
braucht der Mensch
eigentlich nicht!*

Rosenblüten-
Lichterketten erfüllen
jeden Winkel mit
sanftem Licht.

WUNDERSCHÖNE
KERZENHALTER UND
WINDLICHTER, MIT WENIGEN
MITTELN GEZAUBERT.

Eine nette Idee:
Ein ganz persönlicher Christbaumanhänger als Tischkarte.

Willkommen zum Festessen!

ZWANGLOS UND WITZIG: LOCKER VERSTREUTE
PFEFFERMINZBONBONS ALS TISCHDEKORATION.

Servieren Sie Käsekuchen einmal in
Trinkgläsern statt in Portionsschälchen.

Die allerschönsten Christbaumku-
geln dürfen mit auf den Festtisch.

Bunte Keksdosen kann
man mit Tortenspitze
elegant aufpeppen.

SCHWEDISCHER WEIHNACHTSSCHINKEN

1 Eigelb
1 EL Dijonsenf
3 EL grober Senf
50 g brauner Zucker
1 TL Ingwerpulver
½ TL Zimt
½ TL Kardamom
3 EL Semmelmehl

1 gepökelter, fertig gegarter Schweineschinken-
braten
(Beim Schlachter vorbestellen)
Gewürznelken

Den Ofen auf 200 °C vorheizen. Alle Zutaten bis
auf das Semmelmehl miteinander verrühren.

Den Schinken mit der Gewürzpaste bestreichen und das Semmelmehl darüber streuen.

Den Schinken auf der mittleren Ofenschiene
mindestens 10–15 Minuten grillen, bis die Kruste
schön goldgelb ist.

Mit Gewürznelken gespickt servieren.

Servieren Sie den Weihnachtsschinken einmal in Herzform!

JANSSONS VERSUCHUNG, NACH OMAS ART
6–8 Portionen

1 Zwiebel
1 EL Butter
750 g Kartoffeln
100 g Anchovisfilets
200 ml Schlagsahne
100 ml Milch
1 EL Semmelmehl

Den Ofen auf 200 °C vorheizen.

Die Zwiebel in dünne Ringe schneiden und in
der Butter glasig dünsten. Die Kartoffeln schälen
und in dünne Streifen schneiden.

Eine ofenfeste Form mit Butter einfetten. Dann
nacheinander zuerst eine Schicht Kartoffeln, Zwiebeln, Anchovis und die restlichen Kartoffeln hineingeben. Ein wenig Anchovis-Flüssigkeit darüber
träufeln, dann Milch und Sahne dazu gießen und
mit dem Semmelmehl bestreuen.

Auf der unteren Ofenschiene etwa 45 Minuten
garen. Wenn die Kartoffeln in Portionsschalen
serviert werden, beträgt die Garzeit nur etwa 20
Minuten.

Janssons Kartoffeln kann man schon am Vortag zubereiten. Sie halten sich lange im Kühlschrank frisch.

Johannas weihnachtliche Köttbullar

Einfach wunderbar zum Knäckebrot!

ROTE BETE-SALAT MIT GRÜNEN ÄPFELN – GESUND UND LECKER!

ECHT GUTE KÖTTBULLAR

6–8 Portionen

500 g Hackfleisch
75 g Semmelmehl
200 ml Sahne
1 EL Zwiebel, sehr fein gehackt
1 Ei
1 TL Salz
1 Prise Kräuterpfeffer
1 Prise Zimt
Butter zum Braten

Das Semmelmehl mit der Sahne verrühren und 10–15 Minuten quellen lassen.

Das Fleisch mit Zwiebel, Ei, Salz und Gewürzen verkneten. Dann die Semmelmehlsahne dazu geben und alles zu einer geschmeidigen Masse verarbeiten.

Die Fleischmasse zu gleichmäßigen Klößchen verarbeiten, dazu die Hände immer wieder mit kaltem Wasser benetzen. Die Fleischklößchen in mehreren Portionen in der heißen Butter braten. Die Pfanne immer wieder rütteln, damit sie nicht am Boden anhaften. Zuerst ein paar Minuten scharf anbraten, dann die Temperatur senken und 5–10 Minuten lang gründlich garen.

LACHS-DIP

6–8 Portionen

2 Eier
1 kleine rote Zwiebel
150 g kalt geräucherter Lachs
Abgeriebene Schale und Saft von 1 Limette
50 ml Dill, fein gehackt
(mit dem Messbecher abmessen)
Salz und Pfeffer

Das Ei hartkochen, abkühlen lassen und fein hacken. Den Lachs in feine Streifen schneiden.

Alle Zutaten in einer Schüssel gründlich mischen und mit Salz und Pfeffer abschmecken.

Vor dem Servieren ein paar Stunden in den Kühlschrank stellen.

Edles Naschwerk:
Pfefferkuchentrüffel
mit einem Hauch
von Meersalz

PFEFFERKUCHENTRÜFFEL

ca. 25 Stück

125 g Zartbitterschokolade (mindestens 50 % Kakaoanteil)
100 ml Sahne
50 g Puderzucker
25 g Butter
1 TL Zimt
1 TL Kardamompulver
1 TL Nelkenpulver
1 TL Ingwerpulver
Kakaopulver

Die Schokolade grob hacken.

Sahne und Puderzucker zusammen zum Kochen bringen, die Temperatur herunterschalten und die Schokolade darin auflösen, dann die Gewürze zugeben.

Die Trüffelmasse für ein paar Stunden in den Kühlschrank stellen. Dann mit den Händen kleine Kugeln formen und in dem Kakaopulver wenden. Die fertigen Trüffeln bis kurz vor dem Servieren in den Kühlschrank stellen.

Naschen absolut erwünscht!

Pfefferkuchen-Cheesecake

6–8 Portionen

Boden
75 g Butter
25 Pfefferkuchen

Füllung
5 Blatt Gelatine
200 Philadelphia-Frischkäse
300 ml saure Sahne
300 ml Puderzucker
Abgeriebene Schale und Saft von 1 Orange

Garnierung
1 Orange
Granatapfelkerne oder Preiselbeeren

Boden
Die Butter zerlassen. Die Pfefferkuchen mit den Fingern grob hinein bröckeln – es braucht nicht allzu fein zu sein! Die Kekskrümel gut in der Butter wenden.

Den Boden einer Springform mit Backpapier auslegen und die Keksmischung hineingeben. Gut andrücken und in den Kühlschrank stellen.

Füllung
Die Gelatine in Wasser einweichen.

Frischkäse, saure Sahne, Zucker, Orangenschale und -saft zu einer glatten Masse rühren.

Die Gelatine ausdrücken und auf schwacher Hitze in einem Topf zerlassen. Etwas abkühlen lassen, dann unter die Frischkäsemasse heben.

Füllung auf dem Keksboden verteilen und mindestens für 3 Stunden in den Kühlschrank stellen.

Mit Orangenscheiben und Granatapfelkernen oder Preiselbeeren garniert servieren.

SAFRAN-PARFAIT

6–8 Portionen

4 Eigelbe
100 g Zucker
400 ml Sahne
50 g Safran

Himbeeren zum Garnieren

Eigelb und Zucker schaumig schlagen.
 Die Sahne steif schlagen.
 Zuerst den Safran, dann den Eierschaum unter die Sahne heben.
 Das Parfait in eine Servierschüssel geben oder auf Portionsschälchen verteilen und bis zum Servieren in den Gefrierschrank stellen.

Vor dem Servieren mit Himbeeren garnieren.

Knallbonbons kann man auch selber machen — schön als Tischdekoration oder im Christbaum!

Safran-Parfait

151

Tag der Herzen

AM 14. FEBRUAR feiert man den Tag der Liebe, benannt nach einem – möglicherweise auch zwei – römischen Märtyrern namens Valentinus. Obwohl es den Tag seit 1969 nicht mehr im römischen Kirchenkalender gibt, werden an diesem Datum traditionellerweise Ehepaare gesegnet. Im alten Rom war dies der Tag der Juno, der Schützerin von Ehe und Familie.

Der Valentinstag war früher überwiegend im englischen Sprachraum bekannt und wurde erst in den letzten Jahrzehnten in Deutschland und Skandinavien vor allem durch den Blumenhandel populär. Das Symbol des Valentinstags sind natürlich rote Rosen!

Sag es mit Rosen!

Menu

Leichter Imbiss am Tag der Liebe

Vorspeise

Chèvre chaud

Dessert

Kladdkaka mit weißer Schokolade

CHÈVRE CHAUD
4 Portionen

4 Scheiben Kasten-Weißbrot
Butter zum Braten
4 Scheiben Ziegenkäse, etwa 1 cm dick
2 EL flüssiger Honig

Beilage:
Frischer Blattsalat
Karamellisierte rote Zwiebel

Den Ofengrill auf 250 ºC vorheizen.

Mit einer Herzen-Ausstechform 4 Herzen aus den Brotscheiben ausstechen. Die Käsescheiben mit dem Messer ebenfalls in Herzform schneiden.

Die Butter in einer Pfanne erhitzen und das Brot auf beiden Seiten darin rösten.

Das Brot mit dem Ziegenkäse belegen und den Honig darüber träufeln. Auf ein mit Backpapier ausgelegtes Backblech legen und auf der mittleren Ofenschiene 4–5 Minuten überbacken, bis der Käse eine schöne goldgelbe Farbe hat.

Auf frischem Blattsalat mit karamellisierter roter Zwiebel anrichten und mit einer Prise Meer-salz würzen. Nach Geschmack noch etwas Balsa-mico-Essig und Honig darüber träufeln.

SCHWEDISCHER KLADDKAKA MIT SCHOKOLADE
6–8 Portionen

200 g weiße Schokolade
175 g Butter
250 g Zucker
50 g Mehl
2 TL Vanillezucker
3 Eier
Abgeriebene Schale von 1 Zitrone

Frosting
200 g Philadelphia-Frischkäse
200–300 g Puderzucker
1 TL Vanillezucker

Garnitur
Frische Beeren und rote Blüten

Der schwedische Kladdkaka – Klebekuchen – ist eine gehörige Portion für die Hüften und darf auf keinem Kuchenbuffet fehlen.

Den Ofen auf 175 ºC vorheizen. Eine Springform einfetten und mit Semmelmehl bestreuen.

Die Schokolade mit der Butter im Wasserbad schmelzen und abkühlen lassen.

Die trockenen Zutaten mischen und mit der Schokolade verrühren. Ei und Zitronenschale dazu geben und alles zu einem glatten Teig verarbeiten.

Den Teig in die Form geben und auf der mittleren Ofenschiene etwa 30 Minuten backen. Ab-kühlen lassen.

Die Zutaten für das Frosting verrühren und den Kuchen damit überziehen. Mit frischen Beeren und Blüten garnieren.

Es muss nicht nur der Liebste sein – auch Großeltern, Kinder,
Geschwister oder der beste Freund freuen sich über ein
Valentinsmenü!

Chèvre Chaud

Ein Dessert zum Verlieben!

Kaffeekränzchen

Es wird wohl in allen Teilen der Welt gern zum Nachmittagskaffee mit Kuchen und Plätzchen eingeladen. Schweden ist jedoch das klassische Land der Kaffeetrinker. Das Kaffeekränzchen wird hier „Fika" genannt.

In der Teekultur Großbritanniens lädt man lieber zum „Afternoon Tea" ein und in Frankreich findet die Kaffeepause mit Croissants oder Pain au Chocolat eher im Café statt, aber die Freude an einer entspannten Kaffeestunde mit Freunden oder im Kreise der Familie empfinden wir wohl alle gemeinsam.

SEMMELN

Semmeln oder süße Brötchen aus feinem, weißen Hefeteig sind schon seit dem Mittelalter beliebt und haben je nach Region verschiedene Namen.

Anfangs waren es noch einfache Weißbrötchen, doch im späten Mittelalter begann man diese mit Füllungen und Gewürzen abzuwandeln.

In Skandinavien gibt es Semmeln in vielen Variationen. In Schweden sind sie oft mit Mandelmasse gefüllt, während man in Dänemark und Norwegen eine Mischung aus Konfitüre und Schlagsahne vorzieht.

WAFFELN

In Schweden werden am 25. März, dem Tag Mariä Verkündigung, Waffeln gebacken. Im Volksmund nannte man diesen Tag „Vårfrudag" (Der Tag unser lieben Frau), was ähnlich klingt wie „Våffeldag". Was liegt also näher, als zur Feier des Tages Waffeln zu verzehren?

Je nach Waffeleisen hat dieses Gebäck verschiedene Formen, aber besonders beliebt sind Waffeln in Herzform.

KAFFEE

Ein Leben ohne Kaffee können sich die meisten von uns gar nicht mehr vorstellen. Das Getränk aus den gerösteten Bohnen des Kaffeestrauchs stammt ursprünglich aus Äthiopien und ist bereits seit 2000 Jahren bekannt, obwohl es erst gegen Ende des 17. Jahrhunderts nach Europa kam. 1674 wurde der erste Kaffee nach Schweden importiert.

Anfang des 18. Jahrhunderts gab es in Stockholm bereits rund 50 Kaffeehäuser. Mitte des 18. Jahrhunderts wurde in Schweden jedoch der Genuss von Kaffee und Alkohol

verboten. Glücklicherweise hielt sich dieses Verbot nur bis zum Jahre 1769. Die Schweden und Finnen sind aktuell wohl die größten Kaffeekonsumenten Europas.

Es gibt heute etwa 100 Kaffeesorten. Der Arabica-Kaffee gilt als eine der edelsten Sorten und ist weltweit am meisten verbreitet. Es gibt viele Arten der Kaffeezubereitung, zum Beispiel Filterkaffee, türkischer Mokka, Espresso oder Kaffee aus der Stempelkanne.

ZIMTWECKEN

„Kanelbullar" sind typisch schwedisch. Die Zimtwecken entstanden um 1920, als es nach den Entbehrungen des ersten Weltkriegs die nötigen Zutaten dafür – Weizenmehl, Milch, Hefe und Butter – wieder überall zu kaufen gab.

Die Füllung besteht aus Zucker, Butter und Zimt und nach Geschmack einer Prise Kardamom. Vor dem Backen werden die Wecken mit verquirltem Ei eingepinselt und mit Hagelzucker bestreut.

Seit 1999 wird der 4. Oktober in Schweden als „Tag der Zimtwecke" (Kanelbullens Dag) gefeiert.

SIEBEN SORTEN KLEINGEBÄCK

Der schwedische Brauch, zum Kaffee „sieben Sorten von Kuchen" anzubieten, lässt sich bis ins 19. Jahrhundert zurückverfolgen.

Inzwischen haben die meisten Hausfrauen kaum mehr die Zeit, so viele verschiedene Sorten zu backen. Bereits früher nahm man gern einen Grundteig und formte daraus verschiedene Sorten von Kleingebäck. Inzwischen ist es ja eher ein Trend als eine Pflicht, und eine gewisse Auswahl von Gebäck auf dem Kaffeetisch versteht sich von selbst.

Muffinsemmeln sind eine wunderbare Variante. Man schneidet einen Deckel vom Muffin ab, streicht eine leckere Creme auf den Muffin und setzt den Deckel wieder drauf. Unerwartet lecker!

Waffeltag

Am 25. März ist Waffeltag und das muss natürlich gefeiert werden. Wir haben ein bisschen geschummelt und fertige Waffelteigmischung gekauft.

Man kann den Grundteig je nach Geschmack abwandeln – wie wäre es mit einer Prise Kardamom und dazu Schlagsahne und gehackte Walnüsse?

Vor allem die Kinder lieben Kakaowaffeln mit Sahne und frischen Himbeeren, garniert mit einem frischen grünen Blatt.

Ein wenig Safran gibt dem Teig einen wunderbar milden Geschmack und eine appetitliche Farbe. Dazu passen Schlagsahne und Blaubeeren.

Süß ist nicht so Ihre Sache? Dann servieren Sie Waffeln als herzhafte Vorspeise mit gehackten roten Zwiebeln, gebratenen Pfifferlingen und einem Löffel Crème fraiche mit Schnittlauch.

Schwedische Punschrollen

Kaffeesorten sind wie Sammeltassen: Jeder hat seinen eigenen Geschmack!

Klassisches Kaffeegebäck:
Mazarin-Törtchen und
Kokosmakronen

Kaffeekonfekt

Ein Klassiker: Schwedische Zimtschnecken

Eine leckere Idee: kleine Gebäckstücke mit frischen Beeren füllen!

Johanna und Tina sagen Dankeschön

WIE SCHWER KANN es eigentlich sein, ein Buch zu schreiben? Das geht bestimmt ganz schnell von der Hand!

Oder!?

Wir haben bei der Arbeit an diesem Buch diskutiert, gelacht, gebangt und gezittert.

Unsere Hoffnungen und Erwartungen waren riesengroß.

Und nun ist der Traum von diesem Buch endlich wahr geworden.

Doch ohne unsere Familien und ohne die wunderbaren Fotos von Niklas wäre daraus wohl kein Buch geworden.

Daher sagen wir jetzt: Dankeschön!
Mari und Lars-Eric vom Votum-Verlag, die uns von Anfang bis Ende unterstützt haben.

Niklas Veenhuis, der uns geduldig beim Essen kochen, Aufdecken und Dekorieren zur Seite stand. Ohne dich wäre die Arbeit an der Fotografie sehr langweilig geworden.

Maria Mannberg, die uns so gut verstand und aus unseren Texten und Bildern so ein schönes Buch zusammenstellte.

Lisa, die uns an einem schönen Sommertag ihre Türen öffnete, damit wir ihr wunderbares Essen fotografieren konnten – und für die drei leckeren Rezepte, die sie selbst beisteuerte.

Madeleine aus Kalmar, die ihre Veranda auf Öland für uns so schön hergerichtet hat, und für ihr Punschrezept.

Kullö Handelsträdgård in Vaxholm für die Bereitstellung von Blumen und Pflanzen.

Sofie von der Boutique Sötsaker aus Vaxholm, die uns so viele schöne Requisiten geliehen hat.

Britt-Marie Jakobsson aus Resarö für das gehäkelte Osterküken.

Josefin und Johann für die Fotos von ihrem Valentinsmenü.

Maja Holmqvist für ihr tolles Baiserezept.

Lottie Holmqvist, die uns zum Osterfestessen einlud, und dessen Rezepte dann den Weg in dieses Buch fanden.

Petra, Annica, Jenny, Maria, Anna, Lena und Johanna, die bei der Fotografie für dieses Buch Modell standen.

Sandberg AB für die Mustervorlagen für dieses Buch.

Greengate für die Produkte und Vorlagen für dieses Buch.

Das Team von Syster Lycklig: Anna, Frida, Isabelle, Jenny und Ida für das Verständnis, die tatkräftige Mithilfe und Unterstützung und dafür, dass sie so lange auf Tina verzichten mussten.

Pontus, Vilma, Alice und Lovis für die Geduld und Unterstützung eurer Mama, damit sie sich ihren Traum von einem Buch erfüllen konnte.

Unseren Müttern, die ihre Kochkunst und ihre Rezepte so bereitwillig mit uns geteilt haben.

Und unseren Familien und Ehemännern die uns stets unterstützt haben.

Tausend Dank – ohne euch hätte es nicht geklappt!